だいわ文庫

IQ150の心理戦略コンサルタントが教える

秒速で人を操る心理話術

山本マサヤ

大和書房

はじめに

この本を手にとってくださりありがとうございます。

私は、山本マサヤという名前で、企業や個人の問題解決を心理学を使って行なう心理戦略コンサルタントの仕事をしています。

心理学の専門家として、これまで**50社以上の企業に人材育成やマーケティングのコンサルティングを行ない、延べ1000人以上に仕事や人間関係で役立つスキルをレクチャー**してきました。

また、1冊目の著書『トップ2%の天才が使っている「人を操る」最強の心理術』（河出書房新社）は、堀江貴文さんやDaiGoさんの著書と並んで、「ビジネス書グランプリ2020」にノミネートされたほか、中国語版も出版されました。

私の強みは、**1000冊以上の心理学の本や論文を読むことで身につけた知識と、IQ150という高IQ（MENSA所属）を持っている**ことです。

知識は武器であり、その武器を扱う腕が知能だと私は考えています。**知識だけ集**

めても、それを扱う腕がなければ、どんなに優れた武器でも、飾りにしかなりません。

たとえば、心理学の本を読んで、豆知識としてしか使えていない人がそうです。

知能というのは、生まれつきの地頭《じあたま》もありますが、経験からも磨かれるものだと考えています。

ですから、この知識と知能の2つが組み合わさることで初めて、知識を本当に活かすことができるのです。これについては、前著に詳しく書きましたので、読んでいただけると、知能を高める方法や、知識を組み合わせる方法などをご理解いただけると思います。

そもそも、私が心理学にのめり込んだのは、この学問こそが最も汎用《はんよう》性の高い、最強のビジネススキルだと考えたからです。

アドラー心理学について書かれた『嫌われる勇気』（岸見一郎・古賀史健著、ダイヤモンド社）には、「すべての悩みは対人関係の悩みである」というアドラーの言葉が紹介されています。

確かにその通りで、対面的なコミュニケーションだけでなく、人がネット上の商品を買いたくなるようなウェブデザインを設計することも、両端に人間のいる対人関係の状態だといえます。

となると、確かにあらゆる問題は対人関係の問題であり、その**人間の行動原理となる人間心理について分析する心理学は、多くの問題を解決できる、汎用的かつ最強の学問**といえるのではないでしょうか。

心理学を知っているか知らないかによって、世界の見え方や、問題解決能力、人生の成功確率が大きく変わると私は考えています。

実際、私のまわりでも、**年商数億円を稼いでいる方は、とても熱心に心理学を勉強されていて、営業活動でも活用しています。**

たとえば、相手のしぐさのマネをして信頼関係を高める「ミラーリング」を使えば、その交渉の成功率が大きくアップします。ウィリアム・マダックスの研究によると、**交渉の場でミラーリングを行なった場合と、行なわなかった場合で、交渉の成功率が54・5％も違う**ということが明らかになりました。

つまり、心理学を使わない人は、使う人との成績の差が大きく開いてしまうということです。
あなたのまわりの、仕事や恋愛などでうまくいっている人は、実は、心理学を使って人生を思い通りにしているのかもしれません。

しかし、いくら心理学の本を読んでも、そのテクニックを自分自身が使えているイメージが湧きづらいため、実践できていない人が多いと思います。したがって本書では、心理学のテクニックを紹介するだけでなく、**恋愛や仕事、デジタルコミュニケーションの場で、実際にどのように使うことができるか事例をふまえながら解説しています。**
よく知られているテクニックでも、それを応用した別の使い方や、ついやりがちな間違った使い方についても解説しているので、他の心理学本と違ったポイントに、いくつか気づかれると思います。

この本は、仕事やプライベートで必ず直面する問題に対して、心理学を使った解決手法について幅広く書いていますが、最初から最後までしっかり読むというよりも、**あなたが何かに悩んだときに、必要な箇所だけを開いて読むようにしてみることをオススメします。**

すべてを読んで、頭のなかでテクニックの選択肢が多くなりすぎると、両手にたくさんの武器を持った状態になるので、うまく扱うことができません。ですから、必要なときに、必要な箇所だけサクッと開いて、サクッと実践してみてください。

それが、心理学のテクニックを日常生活に取り入れる、もっとも効率的な方法です。

ただ、心理学を使ううえで、忘れないでほしいことがあります。

それは、『**信頼関係**』です。

世の中にあるどんな心理テクニックも、信頼関係なしには機能しません。

たとえば、「ドア・イン・ザ・フェイス」というテクニックがあります。相手が断るであろう、過大な要求を提示して、一度相手に断らせてから、自分がもともと通したい要求を提示するというものです。

これは、相手のなかで「一度断って申し訳ない（罪悪感）」とか、「相手が譲歩してくれたなら自分だけワガママではいられない（返報性の法則）」といった感情が生まれることで、こちらの要求を通しやすくするテクニックですが、そのような感情は、互いに信頼関係がないと生まれません。

もちろん、信頼関係なしで一定の効果が期待できるものもありますが、**心理テクニックの効果を最大化させたいならば、まずは信頼関係をつくること。**それから誘導テクニックを使ってみてください。

信頼関係を築くテクニックについても、本書で紹介しています。

心理学は、人や企業の可能性を広げてくれると、私は信じています。

この本に書かれていることを、まわりの人や自分の幸せのために、そして悪意によって心理学を使う人から守るために、ぜひ使っていただければと思います。

無知は罪なり、知は空虚なり、英知を持つもの英雄なり——ソクラテス

ＩＱ１５０の心理戦略コンサルタントが教える
秒速で人を操る心理話術　目次

第1章 恋愛編
——好かれる話し方、こうすればできます！

第2章 仕事編

――一流の心理テクをマスターしよう!

第3章 デジタルコミュニケーション編
――「画面越し」の悪印象を激減させよう！

第1章 恋愛編

——好かれる話し方、こうすればできます！

1

最速で好感度のある人になる「3つの法則」

合コンや飲み会で気になる異性と出会ったとき、相手から好感を持ってもらうためにオススメの3つの法則を紹介しましょう。

それは、アメリカの心理学者ロバート・ザイアンスが提唱した『**ザイアンスの法則**』というものです。これは、男女だけでなく仕事でも私が活用するテクニックで、確かに効果があります。

①人間は知らない人に対しては攻撃的、冷淡な対応を取る。

初対面の人は心を閉ざしていて、あなたに攻撃的だったり冷たかったりするかもしれません。でもそれは、**あなたのことが「嫌い」というよりも「知らないから怖い」と思っているだけ**の可能性があります。ですから、たとえ冷たくされても、「人間はそういうものだ」と思ってください。相手がまだあなたに心を許していないだけなのです。

これをふまえれば、もし出会った瞬間に相手を好きになったとしても、いきなり食事に誘ったり、好きだという気持ちは伝えないほうがいいでしょう。出会ったばかりのときは、相手が警戒心を持っているので、いい返事はもらえない可能性が高いからです。

②人間は会えば会うほど、その相手に好意を持つようになる。

これは、『**単純接触効果**』といわれるもので、人はよく知らない人よりも、知っている人のほうに好意を持ちます。それゆえ、気になった人とは不自然にならない程度に、会う回数を増やすことが、好感度を高めるのに効果的です。

そして、お互いのことを話して深く知り合うことは、『**熟知性の原則**』といって、相手からの好感度をさらに高めてくれます。

もし、なかなか会うことができないのであれば、メールで接触するのもいいでしょう。しかし、その場合は長文で何時間もやりとりするより、**接触頻度を増やすため**

に、**短文で何回もやりとりする**ほうが効果的です。

また、**ほとんど話したことがない相手でも、視界に入る回数が増えるだけで好感度が高まる**こともわかっています。もしあなたが、同じ職場にいる人を好きになったら、いきなり話しかけたりせずに、その人の視界に入るだけでも、あなたの好感度を高めることができます。企業がテレビＣＭを何回も流すのは、この単純接触効果によって商品に好感度を持ってもらうためなのです。

③人は相手の人間的な側面を知ると、より強く好意を持つようになる。

特に男性に多いのですが、好きな異性がいると、自分がどれだけすごいか自慢をしがちです。しかし、すごさをアピールするだけではなく、**悩みを打ち明けたり、自分の弱い一面を見せることで、強く相手からの好感を得ることができます。**

スーパーヒーロー映画でも、完全無敵の主人公よりも、決して負けないと思われていたヒーローが弱いところを見せることで、観客は一気に好感を持つようになります。

ただし、人の第一印象は変わりづらいので、親しくなる前に欠点を見せると、その部分だけであなたの印象が固まってしまいます。欠点を見せるのは、ある程度親しくなってからのほうがいいでしょう。

これは、仕事でも活用できるテクニックです。相手から好感を持ってもらいたいならば、まずは、このシンプルな3つの法則を活用してみてください。

2 一気に親密になれる会話の黄金比は「6：4」

実は、好感度を高める会話量の黄金比というものが研究で判明しています。

アメリカ、ウェルズリー大学のクリス・クラインケの研究によれば、会話において相手の話した割合が約7割のとき、こちらに

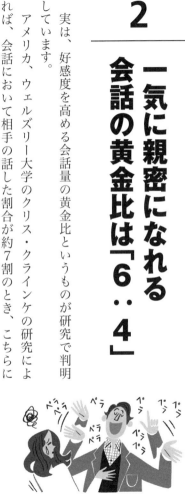

対する好感度が最も高くなったそうです。

人は信頼できる相手には多くの自己開示をしてしまいます。その心理を利用して、**意図的に相手に自己開示をさせることで、「私がこの人にたくさん自分をさらけ出しているのは、きっと信頼しているからだ」と錯覚させることができるのです。**

しかし、これはカウンセラーを使って行なわれた実験で、聞き手の適度なうなずきや、受け答えによって相手の自己開示を促すとともに、相手の話を引き出す「質問力」を用いるという前提条件があります。そう考えると、この法則を一般の人にそのまま適用するのは難しいのではないでしょうか。

そこで私が考えたのが、**自分が話すのが6割、相手が4割**という、「6：4の法則」です。相手の自己開示を促すためには、自分も同程度の自己開示をしたほうがいい。その割合としてちょうどいいのが、6：4です。

たとえば、自分のことを相手に伝えながらも、最後に「あなたはどう思う？」と、相手の意見を聞くようにすることで、6：4のバランスを取ることができます。つまり、**「自分の話」→「質問」→「相手の話」の流れで会話をする**のです。

質問は「あなたはどう思う？」だけでなく、「そうじゃない？」「そんなことない？」など、共感を得るための言葉でも問題ありません。できれば、その会話のなかで2人の共通点を見つけて話題にできれば、2人の距離感がグッと近づくのでベストです。

そして、相手が積極的に自己開示をするようになったら、先の研究結果と同様、自分は3割しか話さないよう調整してもいいでしょう。

注意点として、話し上手になろうと、**自分ばかりが積極的に話してしまうのは、ほとんど話をしないのと同じくらい好感度が低くなってしまいます。**ウケを狙ったり、目立とうとして話しすぎないようにしましょう。

これは、ビジネスの場でクライアントと会話をするときも同じです。自分の話ばかりするのではなく、6：4の割合でコミュニケーションをすることで、クライアントの信頼を得ることができます。

3 話が噛み合わない人とは「VAK」を合わせる

会話のなかで相手と話が食い違うときは、**相手の「優先表象システム」をチューニングしてみてください。**実は、これがズレたまま会話をすると、お互いがストレスを感じるようになってしまうからです。

優先表象システムとは、優位感覚のことで、何かを体験、理解、記憶、表現するときに優先する感覚は人によって異なります。

具体的には、視覚タイプ（Visual）、聴覚タイプ（Auditory）、身体感覚タイプ（Kinesthetic）の3つから成り、それぞれの頭文字を取って**VAKモデル（代表システム）**と呼ばれています。

①視覚タイプ

絵や風景など視覚的に体験、記憶、表現をするのが得意です。手を使って空間に絵を描くように説明することが多く、人の顔を覚えるのも得意です。

よく使う表現としては、「話が見えない」「ぼんやり見えてきた」「イメージする」「丸くおさまる」「目に浮かぶ」「目に見えて」など、視覚的なものが多いです。

②聴覚タイプ

音や声など聴覚的に体験、記憶、表現をするのが得意です。話すのが上手だったり、擬音語を多く用いたりします。人の名前を覚えるのも得意です。

よく使う表現としては、「テンポがいい」「耳触りが悪い」「シャキッとする」のような聴覚に関わるものや、擬音語を使ったものが多いです。

③身体感覚タイプ

触覚や嗅覚、味覚で体験、記憶、表現をするのが得意です。よく使う表現としては、「話が刺さる」「気持ちいい」「重たい（雰囲気や感情について）」「柔らかい」「手応えがある」「いい感じ」のように、言葉や体験を触覚などを使ったものが多いです。

代表システムがズレた状態で話していると、自分が言いたいことの意図が相手に伝わらなかったり、体験した感動を共有できないなど、すれ違いが続いてしまうかもしれません。たとえば彼氏が視覚優位で、彼女が聴覚優位の場合、一緒に行った沖縄旅行の思い出話をすると、

彼氏「海が青くて綺麗だったね！」

彼女「海の波の音に癒やされた！」

のような会話になっているかもしれません。お互いの代表システムが違っていると、感動するポイントがズレてしまって、「そうだったっけ？」と、うまくお互いに共感できなくなります。そのすれ違いは、2人の溝を深くしてしまいます。

まずは**相手がよく使う表現から、その人がどの代表システムに属しているか分析し、それに合わせて話すようにする**と、お互いに共感でき、スムーズに会話ができるようになるでしょう。

①相手が視覚タイプの場合

できるだけ図や写真を見せて話をするといいでしょう。食事に誘う場合は、インスタ映えしそうなオシャレな雰囲気がわかる写真を見せると、相手も興味を惹かれやすいと思います。

②相手が聴覚タイプの場合

声の印象や話の論理性を重視するといいでしょう。話しかけるときは、ハッキリと元気な声で伝えると、その声のトーンだけであなたへの好感度は高まります。また、耳から入った情報で内容を理解しようとするので、論理的に話すことも大切です。

③相手が身体感覚タイプの場合

実際に実物に触れさせながら交渉をすると相手は納得しやすいですし、軽いボディタッチも効果的。また、ほのかに香る香水をつけると、相手の好感度を高めて、交渉をスムーズに進めることができるでしょう。

恋愛をうまくいかせたいなら、**相手がどのタイプかによってプレゼントを変えてみるのもひとつの手**です。視覚タイプなら、夜景やイルミネーションが美しい場所でのデート、指輪など視覚的なプレゼントなど。聴覚タイプなら、ダイヤモンドなどのプレゼントよりも直接的な愛の言葉を贈る。身体感覚タイプなら、手を握ったり抱きしめたりなどのふれ合いが効果的です。

4 小さなお願いを増やせば「好意」が生まれる

あなたのことを嫌いな人がいるとき、その人を好きにさせる方法があります。

それは、小さなお願いをして手伝ってもらうという方法です。

これは、**『ベンジャミン・フランクリン効果』**といって、頼み事をされて助けた人のことを好きになるという心理作用です。

このテクニックは、アメリカの政治家ベンジャミン・フランクリンが実践していたことから、名付けられました。フランクリンは、自分のことを嫌っている人に対して、あえて頼み事をして、相手の敵意を好意に変えることに成功していたそうです。

これは、**『認知的不協和の解消』**によるものだと考えられます。**人は、自分の考えと矛盾した行動を取ってしまうと、その理由を考え出して、矛盾を埋めようとします。**

たとえば、嫌いな人から小さな頼み事をされ、それに応えてしまった場合、その人のなかで「嫌いな人の頼みを聞いてあげるということは、本当は嫌いじゃないんだろうか」という思いが芽生え、敵意が好意に変わるというわけです。

もし「脈なし」と思うような相手に好意を持ってほしいなら、その人に自分の仕事や、飲み会での幹事の役割などを手伝ってもらうようにしてください。

注意すべきは、あなたに対していい印象を持っていない人に、いきなり難しい仕事を頼むと、「この人は自分に、面倒な仕事をやらせようとしているんじゃないか?」と、変に勘ぐられてしまうので、**最初は、「ちょっとペンを借してもらえる?」のような、簡単なことからお願いしてみてください。**簡単なお願いを積み重ねていくことで、次第にあなたに対するマイナスの印象が消えていくでしょう。

5 相手を不快にさせない絶妙な「No」の伝え方

意見を批判したとたん、相手が不機嫌になったり、怒り出したりしたことはないですか?

その場合、あなたは意見を批判しただけのつもりでも、相手の人格まで批判して傷つけてしまっている可能性があります。

人には、**自分のアイディアに対して自らのアイデンティティを投影してしまう**傾向があります。つまり、その人のアイディアというのは、その人自身なのです。したがって、アイディアを批判するということは、その人自身を批判することにつながるわけです。

相手のアイディアだけを批判したいのならば、**まずはアイデンティティを肯定し、その後で相手のアイディアを否定すればいい**のです。相手はアイディアとアイデンティティを分離できて、自分のアイデンティティを批判されたとは思わなくなります。

ただ、アイデンティティを肯定すると言われても、イメージしづらい方も多いと思います。

基本的には、**相手がそのアイディアを考えるために費やした時間や努力について、「ありがとう」「嬉しい」などの『感謝』を伝える**のがいいでしょう。

たとえば、「来週のデートなんだけど、ディズニーランドに行かない？」と言われたとき、「暑いからもっと涼しいところに行こう」と返したら、相手はムッとするかもしれません。

この場合、「プランを考えてくれたの？　ありがとう！　ただ、暑いからもっと涼しいところにしない？」と言えば、相手も気を悪くしません。


これは、仕事で相手のアイディアを批判するときも同じです。

「このアイディアは、想定が甘いんじゃない？」とただ批判するだけでは、相手は感情的になり、自分のアイディアに固執して建設的な議論ができなくなってしまうかもしれません。

この場合も、**「よく考えてくれて、ありがとう。ただ、このアイディアは想定が甘いんじゃない？」**と伝えると、人格を否定しているわけではないため、今あるアイディアをよりよくするための議論ができるようになります。

相手のアイディアを批判するときは、**「感謝→批判」**という流れでやってみてください。

6

付き合うべき「あげまん」と避けるべき「さげまん」の差

あなたの褒《ほ》め方次第で、彼氏（彼女）がどんどん仕事ができる人になったり、逆に、全然出世できず、さらに、あなたに仕事に関する嘘をつくようになるかもしれません。

スタンフォード大学のキャロル・S・ドゥエックが、子どもたちを対象に褒め方と成績の関係について実験を行ないました。

まず、知能検査の成績が同程度の生徒を2つのグループに分けて、グループAでは、その子の**能力を褒めます**（例「8問も正解よ！　頭がいいのね！」）。一方のグループBでは、その子の**努力を褒めます**（例「8問も正解よ！　がんばったのね！」）。

その後、彼らに新しい問題を選ばせます。

すると、**努力を褒められたグループは、その9割が、新しい問題にチャレンジするようになり、成長のチャンスから逃げなくなりました。**一方、能力を褒められた生徒たちは、新しい問題にチャレンジしなくなり、失敗を避けるようになりました。つまり、能力が否定される経験から逃げるようになったのです。

また、能力を褒められたグループAの成績は落ちて、努力を褒められたグループBの成績はどんどんよくなりました。さらに、グループAの生徒の4割近くが、点数が低いことを恥じて、テストの点数に嘘をついていました。

能力を褒められると、相手はあなたの前で失敗したところを見せられなくなったり、自分の能力に対する評価が下がらないように、嘘をつくようになるかもしれません。

したがって、相手を褒めるときは、「頭がいいね！」「仕事ができるんだね！」などの能力ではなく、**「いつもがんばってるんだね！」「遅くまでお疲れさま！」など努力を褒める**ことが大切です。それにより、相手はさらに努力するようになり、成長して出世していきます。つまり、「さげまん（さげちん）」は相手の能力を褒める」「あげまん（あげちん）」は相手の努力を褒める」ということです。

これは、子どもの教育にも当てはまります。「やっぱり頭がいいね」「数学が得意なんだね」という褒め方よりも、「毎日がんばったね！」のように、努力を褒めるようにすれば、子どもの知能指数は高まるでしょう。

7

相手を「怒らせてしまったとき」を乗り切る工夫

怒っている人というのは、制御するのが難しいものです。言ってることがメチャクチャだったり、理屈が通じなかったり……。しかし、そんな怒っている人を手なずける技術があります。

それが、**「怒りの一次感情を見抜く」**というものです。

実は、この世の中に、怒りたくて怒っている人はいません。『怒り』は二次感情と呼ばれていて、それを引き起こす一次感情という別の感情が根底にあります。怒っている人は、その一次感情を理解してほしくて怒りを表すことがほとんどです。

ただ、厄介《やっかい》なことに、怒っている本人は一次感情が何であるかわかっていない。そもそも、怒りの根底に別の感情があることすら気がついていません。

怒りを引き起こしている、主な一次感情は次の8つです。

「不安、悲しみ、寂しさ、傷つき、落胆、心配、悔しさ、焦り」

怒っている人の裏側にあるのは、このどれかの感情なのです。ですから、怒りをぶつけられる側は、その言葉や状況から、相手の一次感情を探し出して理解してあげると、しだいに怒りは落ち着いていきます。

たとえば、あなたの彼女が「どうして、すぐにメールを返してくれないの!?」と怒っているとき、その原因は「寂しさ」や「不安」「心配」かもしれません。こうした理由が隠れているので、**すぐにメールを返さなかった理由をあなたが伝えても、「そういうことじゃない！」と、ますます怒らせてしまいます。**むしろ、相手の一次感情を汲《く》み取って、「心配させてごめん」という共感の気持ちを示すと、相手は自分の「寂しさ」を理解してもらったことで安心します。

相手が怒っている理由を探そうとするより、「寂しさ」や「不安」「心配」（一次感情）を抱えている理由を探すほうが、相手が本当にわかってほしいことに気づく近道です。そして、相手の怒りの感情を手なずけて、落ち着かせることができるでしょう。

相手の怒りと向き合うのではなく、相手の一次感情と向き合ってください。これは、プライベートでも、仕事で上司や同僚、取引先と向き合うときでも、どんな場合にも使える技術です。

8 売った恩を返してほしくなったときの鉄板ルール

「あんなにいろいろしてあげたのに！」

これは、人間関係で男性も女性も思うことがあるでしょう。

もし、**見返りを求めて相手に何かプレゼントをするなら、要求はなるべくすぐに**したほうがいいでしょう。なぜなら、人は恩の価値を忘れてしまう生き物だからです。

スタンフォード大学のフランシス・フリンは、大手航空会社の従業員を対象に、半数の人には同僚のためにシフトを「代わってあげた」ときのことを思い出してもらい、もう半数には同僚からシフトを「代わってもらった」ときのことを思い出し

てもらいました。

その後で参加者全員に、「同僚に与えた」ないし「同僚から受けた」恩の価値を評価してもらいました。

その結果、恩を受けた側の人は、**恩を受けた直後はその価値を高く評価しましたが、時間が経つにつれて価値が低くなる**ことがわかりました。

逆に、恩を与えた側の人は、与えた直後はその価値を低く評価しましたが、時間が経つにつれて恩の価値を高く評価するようになりました。

つまり、時間が経つにつれて、恩の価値は自分に都合のいいように姿を変えていくということです。


もし、あなたが恩を与えた側なら、すぐに恩を返してもらったほうが損をしないでしょう。**恩を返してもらう機会を遅らせることで、あなたが与えた恩の価値が薄れていき賞味期限を迎える**と考えられるからです。

状況によって、恩を与えてから時間が経過してしまっている場合は、焦って助けを求めるのではなく、**あなたが過去に与えた恩について相手に思い出させてから**

助けを求めると効果的です。

たとえば、

「あのとき相談してくれたこと（手伝ってあげたこと）、あれから、どうなった？」

「あのときは、大変だったね」

などのような、そのときにどれくらい相手に感謝の気持ちがあったかを思い出すように仕向け、

「実はね、助けてほしいことがあって……」

という流れで話すと効果的です。

ただし、恩着せがましくならないように注意が必要ですよ。

もちろん、何か見返りがないからといって誰にも恩を売らなくていいというわけではありません。「情けは人のためならず」というように、誰かにかけた情けは、いつか巡り巡って自分に返ってきますから。

9 驚くほど簡単「男性脳」「女性脳」チェック法

あなたの人差し指と薬指の長さを比べてみてください。

実は、**人差し指と薬指の長さを見るだけで、その人が男性脳か女性脳か判断して、話し方や接し方を戦略的に変えることができる**のです。

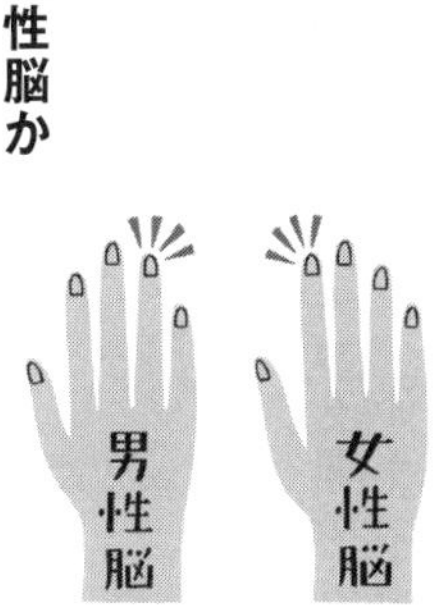

アメリカ・ハワード・ヒューズ医学研究所の発達生物学者、チェングイ・チェンが行なったマウスを使った研究によると、母親のお腹のなかにいるときに、**男性ホルモン（テストステロン）を浴びなかったマウスは、人差し指が薬指より長くなり、女性ホルモン（エストロゲン）を浴びなかったマウスは、人差し指が薬指より短**

くなることを発見しました。

実は、男性ホルモンや女性ホルモンを浴びる量は脳にも影響を与えており、男性ホルモンを多く浴びると男性脳になりやすく、女性ホルモンを多く浴びると女性脳になりやすいということがわかっています。

この原則により、相手の指を見るだけで、胎児のときにどちらのホルモンを多く浴びたかがわかり、結果的に男性脳か女性脳か判断できるというわけです。

相手がどちらの脳タイプかを知ったら、次はそれぞれの特徴や効果的な接し方を知ることです。

▼男性脳タイプ

①ひとつのことに集中するのが得意ですが、**マルチタスク（複数の作業を同時あるいは短時間に行なうこと）が苦手**で、同時にいろいろなことができません。

②会話をするのが、あまり得意ではありません。このタイプを説得するときは、**論理的な話し方をするほうが効果的**です。

③状況を察する能力が低いため、遠回しな言い方をされるとイライラしやすい。したがって、**具体的かつ直接的な言い方をしましょう。**

④リスクテイキングな行動を取りやすく、証券取引で利益を出す人が多いという研究もあります。このタイプは、**リスクはあるが成功すれば大きなメリットを得られるギャンブル的な話に乗りやすい**といえます。競馬やパチンコなどのギャンブルに男性がはまりやすいのもそのためかもしれません。

▼女性脳タイプ

①それぞれ関連のない作業を同時に複数こなせます。**勘が鋭く、嘘を見抜くのがうまい。**

②会話は得意ですが、説明をするのは苦手です。このタイプを説得するときは、**感情に訴えかける話し方が効果的**です。

③相手を説得するときにも**感情に訴えかけようとしておおげさな表現をします。**男性脳の人は、このおおげさな表現を言葉のまま解釈してしまいます。

例：「死ぬかと思った〜」と言われたら、「こんなんで、死ぬわけないよ〜」と返してしまう。

④このタイプの人は、直接的な言い方をされると傷つく可能性があるので、**言いたいことがあれば遠回しな言い方をしましょう。**

10 共感志向の女と問題解決志向の男が会話でやってしまうミス

「男性が女性の悩み相談を受けるときには、共感をしたほうがいい」というのは、耳にタコができるぐらい聞いたことがあると思います。

しかし、頭ではわかっていても、男性はなかなかそれができません。それは、男性の脳の仕組みと関係があります。

そもそも、女性から悩み相談を受けたときに共感したほうがいい理由は、女性の脳の仕組みと関係があります。実は、**女性は自分の気持ちを表現したり、誰かと気持ちをわかち合うことで、幸せホルモン（オキシトシン）が分泌されます。**すると、ホルモンのバランスを取ることができ、ストレスが軽減されるのです。

そのため、女性は相談相手に対して共感を求めるのです。逆に、相談された側が解決策を提示しようとすると、ストレスが増えてしまう可能性があります。

一方、**男性はストレスを感じると、感情を切り離して冷静に解決策を考えようとする**ので、たとえば女性から「部下が全然仕事をしてくれないの！」という相談を受けても、女性と同じようなレベルで共感できない可能性があります。

男性が、女性の悩み相談の途中で口を挟んでしまう理由もここにあります。

女性は悩みに共感してもらいたいと思っているだけなのに、男性は悩み相談をされると、その解決に一生懸命になってしまいます。さらに、男性は自分のアドバイスには価値があると思っているので、それを相手に伝えることで承認欲求を満たそうとしがちです。

しかし、**相手の話を最後まで聞いて共感するという行為は、自分の承認欲求を満たすチャンスを我慢するという別のストレスを抱えてしまうことになります。**

それに我慢できずに、女性が悩みを話している途中でも、「だったら、こうやったほうがいいよ」と口を挟んでしまうというわけです。

ただ、男性は自分のストレスを軽減したつもりでも、女性側にしてみれば、自分の愚痴や苦労話を親身になって聞いてほしいのですから、さらにストレスになります。

結論とすれば、女性も男性も悩みのストレスを軽減したいのであれば、同性の友だちに相談するほうがいいということになります。そのほうが、自然とストレス軽減の会話につながるでしょう。

もし、どうしても異性の悩み相談に乗らなければならない場合は、女性は共感を、男性は解決策を求めているという点を忘れないでください。

男性が女性の悩みを聞くときは、**相手の言うことを否定せず、「そうだよね」「わ**

かるよ」などのような肯定的表現で受け止めてあげてください。もちろん、話を遮《さえぎ》ってはいけませんし、先回りして解決策や原因を言ってもいけません。とにかく、相手に発散させて共感し続けてください。

そうすると、相手は「この人は私の味方だ」と思ってくれて信頼関係が築けます。もし、具体的なアドバイスをしたいなら、そういう信頼関係が築けてからです。

また、女性側も男性に悩みを相談するときには、「悩みを聞いてほしいの」ではなく、「今日は、アドバイスよりも愚痴を聞いてほしい」「○○くんなら、私の愚痴を受け止めてくれるかなと思って」のように、**「ただ聞いてほしいだけ・発散したいだけ」という自身の意図を伝えたほうが、「相談」の目的が相手に正しく伝わる**でしょう。

11

「YES」を引き出せる人はこの質問を投げかける

好きな異性をデートに誘うときや、気になる異性をナンパするとき、相手から「YES」を引き出すためには、相手が「YES」を言いたくなる準備をするとより効果的です。

その準備とは、**相手から「YES」を引き出したい質問の前に、「YES」と答える質問を3〜5回する**ことです。

たとえば、映画好きな異性をデートに誘いたいとき、急に「Aさん、今週の日曜日に映画を観に行かない？」と聞くと、突然すぎて断られるかもしれません。

ここは、次のように「YES」を重ねる質問を心がけるといいでしょう。

あなた「Aさんは映画好き？」
Aさん「はい」**（YES）**
あなた「最近、忙しくて映画行けてないんじゃない？」
Aさん「そうなんですよ〜！」**（YES）**
あなた「昨日から、この映画が上映開始されたらしいよ」
Aさん「へぇ〜、面白そうですね」**（YES）**
あなた「よかったら来週の日曜日に観に行かない？」
Aさん「いいですね！」**（YES）**

この**『YESセット』**が機能する理由については、「コミットメントと一貫性」（自分の行動や発言、振る舞いなどに対して、一貫性を保ちたいと思うこと）によるなど諸説ありますが、私は、**相手に「YES」を言わせて、意図的に自分に共感させることで、心の距離感を近づけることができる**のではないかと考えています。

人は嬉しいから笑顔になるのと同様に、意図的に笑顔をつくることでも嬉しい気持ちになります。その心理をこのテクニックは応用しているのではないでしょうか。

ナンパをするとき、「今、時間ある？」と聞くところからはじめると、ほとんどの人が「ＮＯ」と言うと思います。これは、「ＮＯ」と返す準備をさせてしまうことになるので、心の距離が遠くなる可能性が高いのです。

相手から「ＹＥＳ」を引き出したいなら、まず、少しずつ「ＹＥＳ」を重ねるよう誘導して、心の距離を近づけてみてください。

12

気になる人を食事に誘うための「完璧マニュアル」

『ダブルバインド』という心理テクニックは、ご存じの方も多いかもしれません。たとえば、友人に「ランチに行かない？」と聞いたら、相手は「行く・行かない」の二択で考えるでしょう。け

れども、**「カレーとラーメン、どっちが食べたい？」**と聞かれたら、「うーん、どっちがいいかな？」と、つい考えてしまう。つまり**相手がどちらを選んだとしても、一緒にランチに行くというあなたの目的は達成できている**というものです。

これを恋愛に応用すれば、デートに誘いたい相手に対して「ランチに行かない？」ではなく、「ランチに行くなら、イタリアンと和食のどっちがいい？」と聞くことで、相手がどちらを選んでも、「デートに行く」という目的は達成できるわけです。

このテクニックを知った多くの人が、「そんなバカな！」と思ったことでしょう。私もそう思いました。

ダブルバインドを提唱したグレゴリー・ベイトソンや、それを催眠療法に応用したミルトン・エリクソンらの使い方を調べてみても、そんな単純なものではなく、はるかに高度なものでした。

たとえば、ベイトソンが強度の統合失調症の患者にダブルバインドを使った治療法があります。

ある少女が7歳のときから9年間、複数の恐ろしい神々に生活を支配されているという妄想を抱えていました。ベイトソンが彼女を治療しようとすると、少女は「神様があなたと話してはいけないと言っている」と、会うことを拒否する。そこでベイトソンは、相手の世界に合わせて次のようなダブルバインドを使った交渉を行ないました。

「では、神様のところへ行って、医者と話す許しをもらってきなさい。そして、あなたが9年間もその神々に支配され苦しめられたことも伝えなさい。そうしたら神様は、お前たちに治療ができるならやってみろと許しをもらえるはずだ」

この発言は、患者がどの行動を取っても、ベイトソンの「治療をはじめる」という目的を達成することになります。

つまり、もし少女が神様に会いに行かなければ彼女はその存在に疑いを抱いており、治療がはじまったことに等しい。神様に許可をもらえなかったら神様は少女を苦しめ続ける存在となって信仰が揺らぐことになる。そして、許可をもらえても治療をはじめることになる。

このように、どのような選択をしても、ベイトソンの目的を達成することになる言葉をつくりあげる高度なテクニックになっています。

これを実際にマネするのは難しいですが、先に紹介した**『YESセット』とあわせて使うことで効果をより高めることができます。**

『YESセット』とは、相手に何度も「YES」を言わせることで、その後の質問に対する「YES」を引き出したり、「YES」を繰り返させることで信頼関係を築くテクニックです。

たとえば、気になる人を食事に誘いたいときに、

あなた「今日は、寒いね」
相手「そうですね」
あなた「温かいものを食べたくなるね」
相手「そうですね」
あなた「Aさんは、キムチ鍋と豆乳鍋どっちが好き?」

相手　「キムチ鍋ですかね」
あなた「じゃあ、金曜日の夜に行かない？」
相手　「いいですね」
このように、『ＹＥＳセット』によって事前に相手の予定を確保し信頼関係を築いた状態で、ダブルバインドを利用して選択させ、最終的なデートの誘いを成功しやすくさせるというものです。

またダブルバインドは、**自由に選んでいいはずなのに、与えられた選択肢から選んでしまう『誤前提暗示』**という心理作用も活用しています。

たとえばお菓子などのテレビＣＭで「あなたはどっち派？」と、限られた時間で相手に意図的に選ばせるものがあります。本来はどちらも選ぶ必要なんてないのですが、ＣＭを見てうっかり選んでしまった人は、その後、食品コーナーなどに行ったときに、その商品を手に取るでしょう。

ただ、この心理作用も、脈略もなくダブルバインドを使うと効果を発揮しません。

たとえば、**相手が混乱した状態や、急《せ》かされた状態、信頼関係が築けている関係**

のなかでしか機能しません。ダブルバインドを使った交渉で失敗してしまう人は、ここでミスをしている可能性があります。

13

デートのお誘いが全然うまくいかない人の残念な共通点

好きな女性をデートに誘うとき、「オススメのお店」「人気のバー」など、相手が気に入りそうなデートコースをネットで検索する人が多いかもしれません。

確かに、人気のある場所をネットで探すのは、ハズレがない気がします。しかし、人気の場所だからといって、相手はデートのお誘いを「YES」してくれるわけではありません。

デートに誘うのに必要なのは、人気の場所ではなく、一緒に行くための「言い訳」なのです。

たとえば、気になる女性に「今度、ご飯行かない？」と誘うと、あなたにとっては好きな女性と食事ができるメリットがありますが、相手があなたに興味がなければ、一緒に食事をするメリットはありません。

これでは、**相手のメリットがゼロで、あなたのメリットだけが100の状態**になっています。必死になりすぎて、自分の視点でしか考えられなくなっています。

また、あなたに好意を寄せられていることを相手が察していたら、「そこまでの関係ではないから」「あなたの期待には応えられないから」などの理由で断られてしまうかもしれません。これから好きになってもらおうとしているのに、勝負に出る前に負けてしまいます。

ですから、好きな人をデートに誘いたいなら、相手の目線で考えてみましょう。

一番効果的なのは、**相手が好きなことを調べて、それを誘う口実に使う**ことです。

たとえば、気になる人がミュージカル好きということを、まわりの人から聞いたなら、

「Aさんは、ミュージカルが好きなの？　実は僕も好きで、〇〇（作品名）が今週の土曜日からはじまるんだ。すごく面白そうだから、よかったら一緒に行かない？」

というふうに、世の中で流行っているものや、自分が好きなことをきっかけに誘うのではなく、相手がしたいことを最優先に誘うことで、相手のなかに「好きなミュージカルを観に行く」という言い訳ができます。

また、好きなものが共通していると『**類似性の法則**』が働くので、相手との距離も近づきます。

好きな人を誘うときは、自分目線や世の中目線のいいものやメリットではなく、相手にとってのメリットを重視した誘い方をしてみてください。

14 ヒトラーが「黄昏時」にこだわった理由

好きな人を食事に誘うなら、夕方17時から19時にすることをオススメします。

実は、この**黄昏時《たそがれどき》は「人間の判断力が低下する時間帯」**であることがわかっていて、相手から「ＹＥＳ」を引き出しやすいからです。

これは『**黄昏効果**』といわれるもので、アドルフ・ヒトラーも群集心理をコントロールするため、この時間帯に演説を行なったといわれています。

人は朝起きてから、さまざまな意思決定をして脳の体力を消費していきます。その結果、黄昏時になると、十分に考えて判断する体力が残っていないことがありま

す。ということは、この時間帯は心理学を使った誘導が成功しやすいと考えられます。

ヒトラーはこの『黄昏効果』を使い、他の心理テクニックと組み合わせることで民衆の心理をコントロールすることに成功しました。たとえば演説のなかで、「我々の理念が正しく、普及する」「戦い抜く」といった単純なメッセージを何度も繰り返しています。これは、『単純接触効果』を利用したものであり、**同じメッセージを何度も繰り返し聞かされると、人はそのメッセージに対する警戒心が薄くなり、親しみや好印象を持つようになります。**

他にも、演説のなかで、「戦争か平和か」「ドイツが共産党に支配されるのがいいのか。それとも我々、国民社会主義ドイツ労働者党がいいのか」といった、2つの極端な対比を提示してコントラストを極立たせながら、民衆に意図した選択をさせるように誘導する誤前提暗示も使っています。

黄昏時に好きな人を食事に誘うことで、あれこれ憶測《おくそく》されることなく、相手から「YES」を引き出すことができる可能性は高いでしょう。

ただし、注意点がひとつ。「黄昏時に告白すると成功しやすい」という考えも確かにありますが、**相手の判断力が鈍っているときに告白してOKをもらっても、長く続かない**可能性がありますので、告白のために利用することはオススメしません。

ちなみに、このテクニックはビジネスでも使えます。たとえば交渉事は、17時以降の判断力が下がっているときに行なうと、「YES」がもらえやすくなるでしょう。

夕方に行なわれるタイムセールでも、**「本日限り！」「数量限定」のような『希少性の原理』**（243ページ）**や『損失回避性』**（127ページ）**と組み合わせることで、購買行動を効果的に促すことができる**ようになるでしょう。

逆に正しい判断が必要な交渉事などは、黄昏時を避けて、できれば午前中に行なうほうがいいといえます。

15

〝いい人どまり〟の人とモテる人の決定的な差

「私、優しい人が好きです」という異性の言葉に素直に従ってはいけません。

本当は、優しい人がモテるわけではなく、**優しさと厳しさのギャップがある人のほうがより優しく見えて、相手からの好感度も高くなります。**

このような、ギャップによって好感度が高まる効果を『**ゲインロス効果**』といい、「ゲイン＝獲得効果」と「ロス＝損失効果」の2つに分類できます。

簡単にいうと、**最初にマイナスの印象（怖い、話しづらそうなど）を持っていた人でも、だんだんプラスの印象（優しい、話しやすいなど）が見えてくると、**

一気に好感度が高まる心理現象です。

そして、この好感度は、最初からプラスの印象だった場合よりも、ギャップがあるほうが高くなることがわかっています。

つまり、最初からいい人よりも、最初は怖そうでも話しているうちに実はいい人だと思われるほうが、好感度が高くなるということです**（ゲイン効果）**。いつも怖そうでぶっきらぼうな人が、雨に濡れた子犬を助けているのを見かけてキュンとするといったギャップ萌えは、まさにこの現象ですね。

逆に、最初にプラスの印象を持っていた人でも、マイナスの印象がだんだん見えてくると、好感度は下がり**（ロス効果）**、初めからマイナスの印象を持っていたときよりも好感度は低くなります。

ギャップを見せるなら、マイナスの印象からプラスの印象を見せると効果的です。

ただし、このテクニックには注意が必要です。

『ハロー効果』という、**人のある一面を見ただけで、その人の性格や人間性などを判断してしまう**心理作用があります。これが、初対面で相手の印象を形成するときに機能してしまうのです。

たとえば、メガネをかけていると真面目で仕事ができそうに見えたり、綺麗な白い服を着ていると清潔感がありそうに見えたりします。

これらの**印象は、相手と出会って3~7秒でつくられてしまいます。**話すよりも先に外見であなたの性格や人間性がイメージされてしまうので、「ゲインロス効果」でギャップを狙う以前に、身だしなみなどの外見にこだわることが重要です。

さらに、人の第一印象は変わりづらいので、相手のあなたに対する印象が悪いままで終わってしまわないように、その場で発言や行動を通して印象を変えていくか、その後頻繁に会って別のイメージを持ってもらう必要があります。

「ゲインロス効果」を検証した実験でも、相手の良い評価と悪い評価を聞かせる順番などを変えて7回繰り返し、相手への好感度を確かめる手法が使われていました。

合コンでこのテクニックを使うなら、その合コン中に**「悪い印象→いい印象」に変えていく**必要がありますのでご注意ください。

16

雑談がへたな人は「共通点探し」ができていない

初対面の人との心の距離を一気に縮めるのに最も効果的な方法は、**相手との共通点を探す**ことです。

たとえば、同じ野球チームを応援している、同じ出身地、同じブランドの服が好き、同じ映画がお気に入りなど、人は、意見や趣味、価値観、好きなものなどに共通点の多い人ほど魅力的に見えて好きになりやすいのです。

この、共通点がある人のことを好きになる現象を『**類似性の法則**』といいます。

1つでも共通点があることで、あなたを自分と似たタイプとみなし、自分の価値

観を肯定してくれる存在（仲間）と思うようになります。

共通点がなければ、初対面の相手と心の距離を近づけるまで時間がかかるでしょう。しかし、**共通点が1つでもあると、その他についても自分と似た好みであると錯覚する**ので、短時間でも親近感が湧き、心の距離を近づけるのに、ほとんど時間がかからないのです。

また、自分と似ていると錯覚させることで、**あなたのことを、素の自分を出しても安心できる相手と思ってくれる**はずです。


さらに細かいところまで類似していると、なおいいですね。たとえば、気になる相手がお酒と映画が好きなら、「自分も両方好き！」と言うより、「映画はあんまり観ないけど、お酒は好きで、特にウイスキーが好き」と返すことで、相手が「私もウイスキーが好き！」と話に乗ってくる。このほうが効果的です。

つまり、多くのジャンルで同じものが好きだというよりも、**ある共通の好きなものに対してより細かく具体的なレベルで好みが一致するほうが、相手からの好感度が高まります。**

ビジネスにおいても、相手との共通点を探してアピールすることは効果的です。保険会社のセールス記録を調べた研究によると、年齢、宗教、喫煙の習慣がセールスマンと顧客で似ていると、保険の契約を獲得しやすいことがわかっています。

17

「脈あり・脈なし」サインを見抜くちょっとした秘訣

実は、相手があなたのことを好きかどうかは、声のトーンで見抜くことができます。

サセックス大学のカタリナ・ピサンスキらは、30人の男女に短時間のデートイベントに参加してもらい、会話の内容を録音して話しているときの声の高低（ピッチ）を分析しました。その結果、**好意を持つ異性**

と話すときに声のピッチが変わることを発見したのです。

男性は、まわりの評価の高い魅力的な女性や気になる女性と話をしているときに声の平均的なピッチが低くなることがわかりました。また、男性が女性のことを本気で好きになればさらに声のピッチが低くなりました。

これは、声の低さは男性ホルモンが多いということの表れであり、男性らしさをアピールすることにつながるからだと考えられます。

女性の場合は男性よりも複雑です。**女性はまわりの評価は高くないが気になる男性と話すときは、声のピッチが高くなり、抑揚《よくよう》をつけて話す**ようになりました。また、イケメンなどまわりの評価が高くて、自分も気になる人と話すときは、声のピッチが低くなりました。

女性の場合は、女子らしさをアピールするために、声のピッチが高くなるのかと思いましたが、どうやら一概にそうとは言えないようです。しかしなぜ、気になる男性に対して声のピッチが低くなるのかは、まだ解明されていません。

男性目線で、女性が自分のことを好きかどうか見抜くよりも、女性目線で男性が自分のことを好きかどうかを見抜くほうが簡単と言えそうですね。

18
モテないと嘆く人はマネが徹底できていない

『ミラーリング』というテクニックは、心理学の本では必ず紹介されるほど有名なもので、ご存じの方も多いかもしれません。

一般的には、**「相手のしぐさをマネすることで、相手と信頼関係が築ける」**と紹介されています。たとえば、相手が口元に手を当てたら自分も当てて、相手がビールを飲んだら自分も飲むといったように、しぐさのマネを行ないます。

この『ミラーリング』について、研究者ウィリアム・マダックスは、交渉の場で相手の動作を完璧に模倣することで、結果がどう変化するのか実験を行なっています。

実験では、大学生を2つのグループに分けて交渉してもらいました。

グループAは交渉時に相手の動作をそれとなくマネして、グループBは相手の動作をいっさいマネしないようにしてもらったところ、**交渉の成功率はグループAが67%で、グループBは12・5%**だったので、交渉においても『ミラーリング』の効果があることがわかります。

『ミラーリング』は、絶対に相手にバレないように行なう必要があるのですが、実は多くの人が失敗しています。しぐさのミラーリングを実行するのは簡単でも、「相手にバレずに」というポイントを考慮すると、かなり難しいテクニックといえます。

もし、自分がしぐさをマネしていることがバレたら相手に、「なんか気持ち悪い」と思われて、相手から嫌悪感を持たれてしまいます。そこで、私がオススメしているのが、**『表情』と『話すペース』をミラーリングする**ことです。

表情をミラーリングすることで、相手の感情に共感した発言を増やすことができます。

感情が表情をつくるように、表情が感情をつくることもあります。相手と同じ表情をつくることで、**表情をミラーリングするだけでなく、感情のミラーリングもできる**ので、相手が感じている感情に対して、「つらかったね」「悲しかったね」「腹が立ったね」といった共感する言葉が出てきやすくなります。そうした発言によって、相手と強い信頼関係を築くことができます。

また、人は自分のペースで話をしがちなので、**相手のペースに合わせて話をすることで、相手はこちらの話を理解しやすくなり、「この人とは話しやすい」と思い、ひいては好感度を高めることができます。**

しぐさのミラーリングは、相手と信頼関係が築けたかを確認するときにも有効です。人は信頼関係が築けていると、相手の動作をマネしてしまいます。夫婦やカップルが同じようなタイミングで姿勢を変えたり、同時に動き出したりするのも、強い信頼関係があるからです。**相手があなたの動作をマネするようになれば、相手と**

あなたの間には強い信頼関係ができているということになります。

『表情』と『話すペース』をミラーリングしつつ、相手との信頼関係の深さを『しぐさ』でチェックしてみてください。

19 「褒め下手」な人が一気に上達するたった1つのコツ

実は、気になる相手のハートをつかむ褒め方というものが存在します。

「かわいいね！」「かっこいいね！」など、誰もが言うように相手のいいところを褒めても、ある意味言われ慣れているので、相手にはあまり響きません。となると、そうでないところを褒める必要があるのですが、

そのなかでも、**「そこを褒められると嬉しい！」というポイントがあります。**

それを解説するためには、**『ジョハリの窓』**について理解してもらう必要があります。『ジョハリの窓』とは、自己分析のために自分が知る自己と、他者から見た自己について理解して、対人関係における自分自身について網羅的に理解するための心理学モデルのひとつです。

人間関係における自分の印象や見え方は、次の４パターンに区分されます。

①**『開放の窓』**自分も他人も知っている自己
②**『盲点の窓』**自分は気づいていないが、他人は知っている自己
③**『未知の窓』**自分も他人も気づいていない自己
④**『秘密の窓』**自分は知っているが、他人は知らない自己

このうち、「かわいいね」「かっこいいね」のような、**誰にでも褒められるポイントは、『開放の窓』**です。

そして、**相手のハートをつかむ褒めポイントが、『秘密の窓』**です。

たとえば、髪形を変えた女性が、好きな男性に気づいてほしくて黙っていることがあります。そこでもし男性側が「あっ、髪切った!? かわいくなったね！」と気づいてあげると、女性の『秘密の窓』を開けることに成功することになり、女性の男性に対する好意はよりいっそう高まるでしょう。

これは、売れっ子のホストも使っている褒め方です。お客さんのことをよく観察して、相手が言わなくても、こだわっているポイントを見つけ出して褒めるようにしているそうです。つまり、お客さんがブランド品の限定バッグを持っていたり、ネイルにこだわっているとき、それにすぐ気がついて、褒めるという気くばりです。

『秘密の窓』は、本人が教えてくれないし、まわりの人も気づいていないので、見つけるためには相手のことをよく観察する必要があります。

また、褒めるだけでなく、**『秘密の窓』にいる相手が抱える悩みについて気づいてあげると、相手との距離感がグッと近づきます。**

人は誰しも人に言えないけれど、聞いてほしい悩みが存在していて、それに気づいて「もしかして、○○に悩んでない？」と当てることができれば、あなたに対する相手の信頼度が確実に上がるでしょう。

占い師が小さな悩みを的中させることで、相談者が次々に悩みを言ってくるのと同じです。この話術を身につけてみたい人は、次項を参照してください。

20

なぜあの人は悩みをピタリと言い当てるのか

「もしかして、今あなたは、仕事かプライベートで人間関係に悩んでいて、こういう本を読んでいませんか？」

「あなたは、人前では明るく振る舞っていますが、本当はそういう自分に少し疲れてませんか？」

こう言われて、「何でわかったの!?」と思った人は、**『バーナム効果』**を体験していることになります。

これは、怪しい占い師や超能力者が使う、相手の心を見抜く（見抜いているように見せる）テクニックのひとつです。

『バーナム効果』とは、**誰にでも当てはまる曖昧《あいまい》な言葉にもかかわらず、それを言われた人が、自分のことを言い当てた結果だと思い込んでしまう**心理効果です。

血液型占いが当たっているように感じてしまうのも、この効果です。たとえば、「O型は大雑把」といわれ、「当たってる！」と思ってしまうのも、そもそも几帳面な人は多数派でなく、たとえ几帳面でも、誰しもどこかで大雑把な面を持つ。ですが、O型の人が読むと「何でわかったの!?」となります。

実際、血液型と性格の関連性に科学的な根拠はありません。

私もこの技術を使って、初めて会った人の過去や現在の悩みを、心を透視するように当てるパフォーマンスをすることがあります。すると、なかには泣き出す人までいました。

人の悩みは無限にありますが、大きく分ければ次の4つしかありません。

①健康（睡眠、食事、栄養、運動）
②将来（仕事、出世、給与、転職、夢）
③お金（収入、貯金）
④人間関係（職場、友人、恋愛、結婚）

このなかから何を選ぶか。相手の性別や年代によって、「もしかして、将来のことに悩んでたりする？　または、恋人とか人間関係かな？」というふうに、**当たりをつけて質問するとたいてい当たる**はずです。

20〜25歳の人なら、「将来」や「人間関係」について悩んでいるケースが多く、25〜30歳であれば、「将来」のなかでも転職について悩む人が多く、さらに職場や恋愛といった「人間関係」にも悩む人が少なくないと思います。

30〜35歳であれば、「人間関係」のなかでも恋愛や結婚について悩む人が多く、35〜45歳くらいになると、結婚していれば（結婚指輪をしているかどうかで判断する）子どものための「お金」のことに悩んだり、次のキャリアを探すなどの「将来」について悩む人が多い。45歳以上になると、「定年後をふまえた将来」や「健康」についで悩む人が多くなるのではないでしょうか。

何気ない会話のなかで、相手の悩みやジョハリの窓の「秘密の窓」を探し当てることができると、相手との距離が急激に近づきます。

21

「暗い場所」が相手との距離をスッと縮める

もし、好きな人との心の距離を近づけたいなら、食事の後の2軒目はバーに行くか、暗い公園を散歩する、カラオケルームを薄暗くして歌うなど、「暗い場所」で過ごしましょう。

実は、**暗い空間は相手との肉体的距離と心理的距離を近づける**

効果があります。

アメリカの心理学者ケネス・ガーゲンは、見知らぬ男女6人ずつに明るい部屋と暗い部屋に分かれて入ってもらい、それぞれの部屋での交流がどう発展するか観察しました。

その結果、明るい部屋にいたグループの男女は適度な距離を保って自己紹介するなど当たり障りない交流を行ないました。しかし、暗い部屋のグループは、自己紹介などをして、しばらく経つと個人的な会話をしたり、異性同士でボディタッチや抱き合うなどの行動をはじめました。

人は暗い場所にいると、相手との距離感がわからず、普段よりも近い距離で交流をするようになります。その距離感が、お互いをドキドキさせて、恋に落ちたり、性的興奮を感じやすくさせるのです。

また、不安や恐怖を感じるときに一緒にいた人に対して好意を持ってしまう『**吊り橋効果**』という現象と組み合わせることで、さらに効果を高めることができます。

たとえば、お化け屋敷やホラー映画に意中の人と行くと、恐怖のドキドキと暗闇によって近づいた距離感で、あなたに好意を持つようにできる可能性は高いです。

22

好印象を残せる人が必ず意識している「最後の印象」

ようやく気になる人と食事に行けたのに、待ち合わせ時間には遅れ、ネットで探したお店までの道に迷い、いざ店に着いたら、実は彼女の苦手なメニューばかり……。

食事のあとお気に入りの高級バーに行こうと予定していたのに、「もう終わった……」と思うかもしれません。しかし、あきらめるのはまだ早い。最後のバーで、ここまでの失敗をすべて挽回《ばんかい》することができます。

『ピークエンド法』をご存じでしょうか。

行動経済学者ダニエル・カーネマンが提唱したもので、**あらゆる経験の記憶は、ほぼピーク時と終了時の快苦の度合いで決まる**という法則です。

人は、ある経験について評価するとき、全体を総合して判断することができず、ピーク時の経験と終わりの経験からだけで決まってしまうのです。

これを確かめる実験では、参加者に2つの体験をしてもらいました。

A　痛いほど冷たい水に60秒手を入れてもらう。

B　痛いほど冷たい水に60秒手を入れてもらい、それより少し温度の上がった水に30秒手を入れてもらう。

両方を体験してもらった後に、参加者に「どちらの体験ならもう一度してもいいか？」と尋ねると、80％の人がBを選びました。Bのほうが、冷たい水に手を入れている時間が30秒長いにもかかわらずです。

これが、ピークエンド法がもたらす認知の歪みで、Bを選んでしまうのは、最後に手を浸した水の温度が少し高かったことで、全体の体験を評価したからです。

これをふまえれば、もし気になる人と食事に行き、何か失敗したとしても、最後にバーに行って、相手に素敵な体験をしてもらえれば、それまでの失敗を挽回することができます。

最悪なのは、そこまでの失敗にクヨクヨして、「ごめんね、こんな感じで……」などと言い繕《つくろ》い、最後も苦い経験として終わらせてしまうことです。

逆に、途中までよかったのに、最後で失敗するというのも、デート全体の評価を下げてしまうことにつながるため、決して最後まで気が抜けません。

つまり、「終わりよければすべてよし」というのは、心理学的にも正しいのです。

これは、仕事の商談でも同じです。クライアントと金額や要件を詰める会議で、お互い意見が合わず緊迫した状態になったとしても、話し合いの最後に感謝を伝えるなど、終わり方をうまく着地させることで、その商談が苦い経験だったか、有意義だったかの印象を180度変えることができます。

23

「告白はディナーの後で」が科学的で現実的な戦略

気になる人とデートで食事をするなら、**とにかく味にこだわってください。**ましてや、大事な告白やプロポーズをするときは、美味しい食事の最中や食後に行なうほうが成功しやすいでしょう。

心理学者グレゴリー・ラズランは、人は食事中に聞いた話や、そこにいた人をより好きになることを発見し、**『ランチョン・テクニック』**と名づけました。

実験では、被験者が食事前と食事中に複数の政治的意見について説明をし、その意見についてどう思ったかを聞きました。すると、食事前よりも食事中に聞いた意見に対して、好意的な評価を持つことがわかったのです。

これは、**食事中に引き起こされる、「美味しい」や「幸せ」というポジティブ**

な感情を、目の前にいる人やその場の話にも紐づけるからだと考えられます。

しかもこの変化は、本人も気づかない無意識のうちに起こります。

ですからぜひ、気になる人と食事に行くときは、美味しいと評判の相手が好きな料理のお店を予約するようにしてください。そうすると、相手は無意識のうちに、美味しい料理を食べたときの幸せな気分を、あなたに対する印象と紐づけて、あなたに好印象を持つようになります。

間違っても、相手の好みを無視して、自慢げに自分だけが知っている秘密の隠れ家のようなお店を選ばないように。

これは、ビジネスにおける交渉でも同じです。会食の際は、取引相手の食の好みを調べて、美味しいお店を予約してください。

会食中に仕事の話ができればいいですが、食事中は仕事の話をしたくないという人の場合は、**あなた自身を売り出してください。**たとえば、自分の人間性をアピールするために、家族の話をするのは効果的です。自分が両親をどれだけ尊敬しているか、既婚者ならば、「うちの子どもはやんちゃ盛りで可愛いんですよ」といった家族の自慢など、自分が大切にしているものについて話すといいでしょう。あるいは、「今年は営業成績でトップになりたい」といった夢や目標、乗り越えてきた困難について話をすると、あなたの評価も高まるでしょう。そうすることで、今後の商談がうまくいったり、あなたの会社の商品の価値も高めることができるかもしれません。

24 告白の成功率がガクンと落ちる「余計なひと言」

いざ、好きな人に告白しようというとき、誰でもああでもない、こうでもないと、告白の言葉に悩むはずです。

しかし、実は深く考える必要はありません。なぜなら、**心理学がその正解を導き出している**からです。

樋口匡貴《まさたか》ら広島大学での研究によると、大学生180人の男女を対象に、19種類の告白メッセージを受けた後、相手との関係が進展する程度を5段階で評価してもらいました。たとえば、「付き合いをやめる（1点）」、「今までと変わらない（3点）」、「恋人関係的な付き合いをする（5点）」などです。

その結果、**『単純型』の告白が、状況や性別を問わず優位**ということがわかりました。たとえば、「好きです。付き合ってください」「ずっと好きでした。付き合ってください」「気がつけば、いつも○○さんのことを考えています。付き合ってください」のように、実はシンプルかつダイレクトに気持ちを伝えるほうが、効果が高いのです。

次に効果が高いのが、『理屈型』でした。たとえば、「○○さんと話をするだけで幸せになります。付き合ってください」「最初に会った瞬間に一目惚れしました。付き合ってください」のような言葉です。

そして、**一番最悪だったのが、『懇願型』**で、「一生のお願いだから付き合って」「俺（私）は○○さんがいないとダメなんだ。付き合ってください」「絶対に幸せにするから。付き合ってください」のような言葉です。これは、相手に悪い印象を持たれてしまうこともわかっています。

ですから告白をするときは、いろいろ考えてしまって理屈っぽくなったり、がむしゃらになってお願いする感じではなく、シンプルかつダイレクトに、好きだという気持ちと、「付き合ってください」と伝えるだけのほうが成功しやすいのです。

また、小島奈々恵らが大学生233人を対象にした広島大学の研究によると、知り合ってから告白までの期間において、**3か月未満で告白するのが最も成功率が高く、1年以上経ってから告白した場合、失敗する確率が最も高い**ということがわかっています。

つまり、告白するなら、3か月以内がいいでしょう。それ以上になると、失敗する確率がグンと高まっていくので、ダラダラ引き延ばさずに、正しいタイミングと正しい言葉で告白をしてみてください。

25

心をつかむ達人は、あえて「即レス」しない

気になる人からのメッセージには、すぐ返したほうがいいか、それともしばらく返さないほうがいいか？　あなたはどちらが正解だと思いますか。恋愛ソングでもよく登場するこのテーマですが、心理学的には、すぐに返すほうがダメです。実は、**すぐに返事が来るよりも、なかなか返事が来なくてソワソワする気持ちが、相手のあなたへの思いを高めます。**

これは、『**ザイガルニック効果**』と呼ばれています。**人は完結してしまった事柄よりも、未完で終わった事柄のほうに強い興味を持つ（記憶に残りやすくなる）**という心理です。たとえば、ドラマの次回予告も、肝心なところを見せないように

して、視聴者の想像をかき立てるような構成になっています。だからこそ、翌週の放送が待ち遠しくなるのです。

好意を寄せる相手から質問のメッセージが来たら、たまには、返事をするのを少し待ってみてください。そうすると、相手は「あれ、返事が遅いな」と思いはじめて、**「何か変なことを聞いてしまったかな？」「今、忙しいのかな？」など、あなたのことを気にしはじめます。**

そして次第に、相手はあなたのことを「気になる存在」と意識するようになるでしょう。これが、あなたへの好意へとつながります。

逆に、すぐにメッセージを返すと、このソワソワ感を相手に持たせることができないので、相手の恋心をくすぐることができません。恋愛にも駆け引きは必要です。

このテクニックは、メッセージのやりとりだけでなく、直接会うときにも使えます。

たとえば、食事の途中に「あっ、ごめんなさい！　もう終電の時間だ！」と、話が中途半端なところで急に切り上げたり、別れ際に「カラオケにも行きたかったなぁ～」と残念がったり、**合コンの最後に気になる人に「○○さんとももっとお話ししたかった」と言って、名残惜しさを出すことも効果的**です。

26

「下の名前」で呼べるカップルは長続きする

今の恋人と長く付き合いたいなら、**お互いの名前を呼ぶ**ようにしてください。相手の名前を呼ぶことは、恋愛も仕事も成功に導く効果があります。

カリフォルニア大学の心理学者チャーズルー・キングは、**「下の名前で呼び合わないカップルのうち、約86％が5か月以内に別れていた」**という研究結果を発表しました。この結果は、人は自分の名前を呼ばれることで、相手から特別な存在として扱われていると感じるからだと考えられます。これを『**ネームコーリング効果**』といいます。

たとえば、ホテルでチェックインするときに、「お客様、お待ちしておりました」

と言われるよりも、「山本様、お待ちしておりました」と言われるほうが特別扱いされているようで嬉しいですよね。ですから、今の恋人と長く付き合いたいなら、相手を名前で呼んだり、会話のなかに相手の名前を入れるようにしてください。

また、**付き合う前でも、好きな人のことは名前で呼ぶようにすると**、相手に好意を持ってもらうことができます。ただ、何度も呼びすぎると、相手が違和感を覚えてしまうので、「ねぇねぇ」とか「君」「あなた」と呼ぶ代わりに、さりげなく相手の名前で呼ぶようにするなど、不自然にならないようにしてください。

たとえば、**「ねぇねぇ、これ教えてくれない？」よりも、「○○さん、ちょっとこれ教えてくれない？」のほうがいい**ですね。他にも、「○○さんはどう思う？」「○○さんのアイディアいいね！」のように、相手の名前を呼ぶといいでしょう。

仕事でも、クライアントの名前を呼んでみてください。

アメリカ・南メソジスト大学のダニエル・ハワードによると、学生にクッキーを売る実験を行なったところ、相手の名前を呼んで売ったほうが、名前を呼ばなかった場合よりも約2倍も購入率が上がったそうです。

たとえば、コールセンターでも、相手に呼びかけるときに、**「お客様」ではなく、「○○様」と名前を呼ぶようにする**と効果的です。名前を呼ばれることで、匿名性が下がるため、顧客が理不尽に怒り出すことが少なくなったり、怒りが落ち着くようになります。

27 喘ぎ声が「男」を呼び覚ます科学的根拠

パートナーとエッチをするとき、あなたは声を出すタイプか、声を我慢するタイプのどちらでしょうか。

パートナーとのエッチの満足度を高めたいなら、**間違いなく喘《あえ》ぎ声などを出したほうがいいです。**なぜなら、声を出すとパート

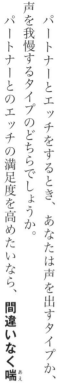

ナーの興奮を高めることができるからです。

たとえば、お笑い番組を見ているときに、誰かが面白いことを言うと、客席のガヤや事前に録音されている笑い声が流されます。すると、番組を観ている人も、笑ってしまうという伝播《でんぱ》現象が起きます。

これは、**『ミラーニューロン』**という神経細胞の働きによるもので、**人間は自分が見たり聞いたりした他者の行動を、脳内で再現する**ということがわかっています。そうすると、その刺激に基づいた身体反応が起こるのです。

ロンドン大学のジェーン・ワーレンらの研究では、笑い声などの音声を聴かせたときには、笑顔をつくるときに脳が活動する箇所と同じ場所が活動することがわかっています。だから、お笑い番組を観ていて誰かの笑い声を聞くと、笑うときに活動する脳の箇所が刺激されて、自分も笑ってしまうのです。

喘ぎ声も同じで、**女性が声を出していると、ミラーニューロンの働きで自分も興奮して積極的になり、結果として女性も興奮してエッチになる**可能性があります。

なので、エッチのときは、声を出すのを我慢しないで、感じたままに声を出してみてください。また、もし感じている演技をするなら、違和感のない程度に。演技だとバレると、男性が自信を失ってしまいます。

エッチのときに声を出すのは恥ずかしい人も多いかもしれません。しかし、**エッチの満足度が、夫婦生活の満足度と相関がある**という研究結果も出ているほど、エッチは大切なパートナーとのコミュニケーション手段です。もし、どうしても声を出すのが恥ずかしいという人は、BGMやアダルトビデオを流すなど、声を出しやすい雰囲気をつくってみてください。

28

ダメ夫は「断り方」がなっていない

パートナーの親切心からの申し出を断るときに、残念ながら、多くの人が断り方を間違えています。たとえば、

妻「明日は、お弁当を作ってあげようか？」

夫「いや、明日は同僚とランチに行くからいらない。じゃあ、明後日《あさって》作ってくれる？」

相手の親切に対する普通の断り方に見えるかもしれませんが、この方法で断っていると、相手はいずれあなたのために何もやってくれなくなるでしょう。

人間は申し出を断られると自尊心が傷ついてしまい、その後にあらためてお願いされても、断りたいという心理が働きます。

これは、親切を申し出る側と、受ける側の性別が逆の場合も、同じことがいえます。

実は、親切な申し出を断った後に、**「でも、そう言ってくれてありがとう」**というひと言があるだけで、その後のあなたへの対応が変わるだけでなく、その人自身の親切心を高めることができます。

行動科学者のアダム・グラントとフランチェスカ・ジーノの研究によると、**親切にしてくれた人に感謝を伝えると、次に何かお願いしたときの承諾率が高まったり、その人の親切な行動を増やす効果がある**ことがわかりました。

実験参加者の学生たちを2つのグループに分け、ある学生が書いた送り状をチェックしてもらい、その感想をメールで送ってもらいました。そのとき、グループAには、「感想を受けとった」という連絡と新しい依頼が書かれたメールが送られ、グループBには、同じ文面に感謝の気持ちが加えられました。

その結果、**感謝の言葉が加えられたグループBは、次の依頼の承諾率が2倍も高くなった**のです。

また、ほとんど同じ条件で、次の依頼をメールを受けとった本人ではなく、別の人物が行なった場合の承諾率も調査しました。すると、感謝の言葉が加えられたグループBのほうが、依頼の承諾率が2倍以上も高いことがわかりました。
つまり、人は、親切に対して「ありがとう」と感謝を伝えることで、次に何かお願いしたときに承諾してくれやすくなり、その人自身も、もっとまわりの人に親切になろうとするのです。

相手の親切心をただ断るというのは最悪の対応なのです。きちんと「でも、そう言ってくれてありがとう」と、相手の親切に対して感謝を伝えましょう。
誰かが手伝ってくれた仕事について、間違っている箇所を指摘するときも、**「助かったよ。でも、ここが違うみたいだから直しておいてくれる?」**のように伝えるほうが、カドが立ちません。つまり、冒頭の会話の正解は次の通りです。

夫　「ありがとう。でも、明日は同僚とランチに行くんだよ。じゃあ、明後日作ってくれる?」

29

無自覚にやる気を奪う人がしている共通行動

「夫が家事を手伝ってくれたから、晩ご飯に夫の好きなものを追加した」

「好きな子がデートにオシャレな服を着てきてくれたから、評判のカフェでケーキセットを奮発した」

これらは良かれと思ってやっていることかもしれませんが、実は、あなたと相手の関係を悪化させる可能性があります。人が主体的にやってくれたことに、金銭やプレゼントを渡してしまうと、見返りがないとがんばりたくない、**「ギブ・アンド・テイク」の関係が無意識のうちにできてしまいます。**

一度ご褒美をもらったら、それがないとがんばりたくなくなる心理を、『**アンダー**

マイニング効果』と呼びます。

心理学者エドワード・L・デシらは実験で、学生をAとBのグループに分けて、3つのセッションを行ないました。

最初のセッションでは、2つのグループにパズルを解いてもらいました。

第2セッションでは、グループAには、パズルが解けるたびに1ドルの報酬を与えると伝え、グループBには、何も報酬を与えませんでした。

第3セッションでは、グループAには、「今回は報酬がない」と伝えてパズルを解いてもらい、グループBには引き続き、報酬を与えずパズルを解いてもらいました。

それぞれのセッション後、休憩時間を設け、その時間中に実験参加者が主体的にパズルを解くかどうか観察しました。

すると、第2セッションで**解けると報酬がもらえると言われたグループAは、休憩中に主体的にパズルを解こうとする時間が減りました。**

これは、最初はパズルの面白さというモチベーションによってパズルを解いていたのに、報酬をもらえることで、パズルへの興味がなくなり、主体的なモチベーションが下がったということです。

最初は善意でやっていたことでも、一度ご褒美をもらってしまうと、次からはそれ目的でがんばろうとするため、ご褒美がもらえないとやる気が出なかったり不満を覚えてしまいます。また、**人間は一度与えられたご褒美のレベルにすぐに慣れてしまうため、より高いレベルを求めるようになる**というわけです。

これは仕事や子育てにもいえることで、部下や子どもががんばってくれたときに、金銭やプレゼントを与えると、次からご褒美をもらえないとがんばってくれなくなり、逆効果になります。また、好きなことや趣味を仕事にして、報酬を得るようになると、稼げなくなるとがんばれなくなり、どんどんやる気を失ってしまいます。

とはいえ、何かをしてもらったときに、何も与えず無視すればいいということではありません。**金銭やプレゼントではなく、「褒める・感動を表す・感謝する」などの言語的な報酬であれば、アンダーマイニング効果は起こらない**ことがわかっています。もし、何かをしてもらったら、モノではなく「ありがとう」「よくがんばったね」「本当に助かった」など、言葉で報酬を与えましょう。

30

男が言われたい「褒めワード」は1つだけ

夫が家事を手伝ってくれたなら、妻はちゃんと褒めてあげてください。

ただし、**褒めるときは女性目線ではなく、男性目線で褒めること**。すると、やる気スイッチが入ったように、夫はますますやる気になって、日頃からもっと手伝ってくれるようになります。

実は、男性と女性では褒められて嬉しいポイントが異なることがわかっています。**男性は『結果』を重視しますが、女性は『過程』を重視します。**

結果を重視する男性には、がんばってくれたおかげでこんなふうになった、と言って褒めると効果的です。たとえば、掃除してくれたときは「すごい！ 本当に綺麗になってる！　ありがとう！」、料理をしてくれたときは「美味しい！　料理の腕があがったね！」のように、結果を褒めると男性の喜びは大きいです。

一方女性は過程を重視するので、**何かを行なうなかでどれだけがんばったか、共感して褒めると効果的です。**たとえば、「すごい！　こんなに綺麗にするのは大変だったでしょう。ありがとう」と言ったり、「美味しい！　野菜もたっぷりで健康のことを考えて作ってくれたんだね。ありがとう」のように、過程を褒めると女性の喜びは大きくなります。

これは、仕事でも同じです。**部下が男性か女性かによって、褒めるポイントを変えることで、モチベーション・コントロールがやりやすくなる**でしょう。

ちなみに、冗談のつもりで、男性ががんばってくれたことの結果や、女性ががんばってくれたことの過程に対して嫌みを言ったりすると、想像以上に傷ついてしまって、次からやってくれなくなってしまうので要注意です。

31

夫に「家事を頼めない」妻は何がマズいのか

「夫が家事を手伝ってくれない！」という悩みを持っているあなたは、もしかして、「お風呂を洗ってくれない？」のような、シンプルなお願いの仕方をしていませんか。

「○○をやってくれない？」というのは普通の頼み方のように見えますが、実は、人によっては反抗心が刺激されてしまうのです。

『心理的リアクタンス』というものがあります。人は本来、自分で人生の選択をしたがる生き物ですが、**誰かに行動を強制されて選択の自由を失うと、それに反発して、言われたことと正反対の行動を取ってしまう**心理作用のことです。

たとえば、親に「ちゃんと勉強してるの？」と言われた子どもが、「今からやろうと思ったのに！　もう、やる気がなくなった」というのも、『心理的リアクタンス』です。

「お風呂を洗ってくれない？」という言い方も、相手に行動を強制しているため、それに反発して手伝ってくれなくなるわけです。

したがって、そういう人に対しては、**選択肢を与えて自分で選ばせるようにするといいでしょう。**

たとえば、「お風呂掃除か、食器洗いか、どっちかお願いできない？」と、相手に選択の余地を残すことで、選択の自由を与えられるので、自分で選んで家事を手伝うようになります。

また、子どもがなかなか勉強しないときは、「ゲームしてから勉強するか、勉強してからゲームするか、どっちにする？」と聞いて選択させると、子どもは約束を守って勉強をするようになるので、ぜひ試してみてください。

32
すぐ「できない」と言う男を変える声かけのコツ

「最近、夫が私のお願いを聞いてくれない」という悩みをお持ちの場合、もしかしたら、夫の**『闘争・逃走反応』**を刺激してしまっているのかもしれません。

実は、「先にお風呂入って」「ゴミを出しといて」のような言い方は、男性を反抗的にする可能性があります。

最初は快く何でもお願いを聞いてくれたのに、だんだん聞いてくれなくなる理由について、心理学者のジョン・グレイは次のように説明します。

男性は女性の言うことを聞いてばかりだと、言われるがままに従っているような気になったり、自由を失った感覚に陥ったりしてしまう。これが男性にとって

はストレスとなるため、そのストレスに対して男性特有の『闘争・逃走反応』を起こすようになる。たとえば、「先にお風呂に入って」と言われたら、「今入らないといけないの？」「先に入ったら？」と『闘争』したり、無視や「ちょっと待って」と『逃走』したりしてしまう。

逆に**女性はストレスに対して、『思いやり・絆《きずな》反応』を起こします。**たとえば、つらいときに誰かに優しくなったり、友だちと話すなど、誰かとの絆を深めようとするといいます。

このような男性の変化は、夫婦で生活するなかでだんだん蓄積され、あるとき突然表れるものなので、妻からすると「最近、急にお願いを聞いてくれなくなった」と感じるのです。しかし、そうなってしまったときでも、夫を動かす効果的な頼み方があります。それは、**『お願い』にする**ことです。

たとえば、「先にお風呂に入ってくれると嬉しいな」のように、**「○○をしてくれたら嬉しい」というフレーズを使ってみてください。**この言い方は、男性に従うことを強制しているのではなく、男性に頼っているように聞こえます。

また、行動してくれたら「ありがとう」と感謝を伝えましょう。男性は競争に勝ったり、感謝されることで、自尊心が満たされて、男性ホルモンのテストステロンが分泌されます。テストステロンが分泌されると、男性は自分に自信を持ったり、承認欲求が満たされたり、物事に積極的になったりします。

33 「相手にイラついたこと」を公言するのがいい理由

芸能人夫婦がテレビで「私たちは喧嘩したことがありません」と仲よさげに話すのを観ますよね。とても羨《うらや》ましい限りですが、夫婦喧嘩がないことはいいことだと、必ずしも言い切れません。

確かに、夫婦喧嘩はお互い精神力や体力をすり減らしてしまうので、極力避けたいことだと思います。しかし、一方で夫婦喧嘩には『**カタルシス効果**』があるので、夫婦生活の精神的な安定を取り戻す効果もあるのです。

『カタルシス効果』とは、**自分の抱えている怒りや悲しみなどの感情を言葉にすることで発散したり、スッキリするなど、心の安定を取り戻すことができる**効果です。

夫婦喧嘩のない家庭は、もしかしたらどちらかが我慢していて、うまくストレスを発散できていない可能性があり、いつか感情が爆発するかもしれません。または、今以上のストレスを受けないよう、相手に対して無関心になろうとするかもしれません。

喧嘩を避けるために、話し合いから逃げたり、相手がイライラしているのを無視すると、余計にストレスを蓄積させることにつながります。**お互いが抱える不満をちゃんと発散できる場として夫婦喧嘩は効果的なのです。**

もし、相手がイライラしていて、あなたが冷静なら、イライラしている理由を話すきっかけをつくってあげたり、**『バックトラッキング』**などを活用して、相手に話をしてもらい溜まっているものを発散させてあげましょう。

『バックトラッキング』とは、相手の言ったことをそのまま、または要点だけを取り出して、オウム返しにしたり、相手の話した「感情」を返したりすることで、相手に「この人は自分のことを理解してくれている」と思わせ、さらに話を引き出すテクニックです。

たとえば、**「今日、仕事で失敗したんだ」と言われたら、「失敗したんだ」とか、「それはつらかったわね」と返事をしてあげる**テクニックです。これについては、141ページでさらに詳しく解説します。

また、喧嘩をしてしまった日の夜は、部屋を暗くした状態でひと言、「ごめんね」と言ってあげてください。暗闇には相手を落ち着かせる効果もあるので、そういうときに謝ると、相手も冷静に向き合ってくれます。

コラム

見た目の印象で損をしないための3つのポイント

「あの人はモテそうなのに、異性に人気がない」という人は、第一印象のつくり方を失敗しているのかもしれません。

人の第一印象は3秒で決まるといわれていて（諸説あり）、その第一印象に基づく思い込みによって、あなたの性格や魅力、生活習慣、行動まで判断されてしまうのです。

また、一度つくられてしまった第一印象は、間違ったものであったとしても、書き換えるのにかなりの時間と労力を必要とします。

そう考えると、第一印象をうまく演出する戦略を持たない人は、相手に勘違いさ

れたり、魅力が十分に伝わらず、ビジネスやプライベートで多くのチャンスを失ってしまいます。

心理学では、どんな要素がどんな印象を形成するか、さまざまな研究で明らかにされています。それを活用することで、相手に意図した通りの印象を抱かせる操作をすることが可能になります。

たとえば、身につける服やネクタイの色によって、その人物のパーソナリティ評定に影響を与えることができます。

アメリカのトランプ大統領やオバマ大統領は、大切な演説のときには、赤いネクタイを身につけていました。それは、**大統領としての情熱やリーダーシップ、パワーを印象づけて支持を集めるため**だと考えられます。

このように、大統領選でイメージ戦略が積極的に使われるようになったのは、1960年のニクソン候補（共和党）とケネディ候補（民主党）による選挙戦で、劣勢だったケネディ候補が見た目を演出するイメージ戦略を取り入れることで、逆転勝利したことからだといわれています。

テレビ討論に登場したニクソン候補は、体にフィットしていないブカブカのスーツで、色もハッキリしないグレーで目立っていませんでした。また、表情も少し疲れているようで、姿勢も悪い。それに対してケネディ候補は、体にフィットしたスーツで、色も濃紺でハッキリしていました。また、姿勢も正しくて、表情には自信が表れていました。

その結果、国のリーダーにふさわしい、自信と威厳を持っていると視聴者に思わせることができたのが、ケネディ候補だったのです。

身につける色が与えるイメージとして代表的なものは次の通りです。

赤：情熱、パワー、積極的、やる気、リーダー、正義感、攻撃性
青：知性、冷静、信頼感、真面目、誠実、清潔、爽やか
紺色：落ち着き、権威、堅実、真面目、知的
黄色：陽気、アクティブ、友好的
ピンク：優しさ、思いやり、幸福、愛情

黒：威厳、高級感、重厚感
白：清潔、正義、善、純粋
灰色：落ち着き、穏やか、スタイリッシュ、調和

コンサルタントや保険のセールスなど、**信頼感や知的な印象を持ってほしい職種ならば、ケネディ大統領のように紺色のスーツを着る**ことをオススメしますし、マネージャーや責任者として会議に参加するならば黒色のスーツがいいでしょう。

また、**プレゼン資料にも色彩心理を取り入れて、相手に説得力を持たせたいときは青を使い、熱情を込めたい場合は赤を使う**といいでしょう。

私はヨウジヤマモトという、黒がメインで使われているブランドの奇抜なデザインやコンセプトの服が好きで、プライベートだけでなく講演会でも着用していますが、これは色彩心理を使って威厳やミステリアスさを演出する目的もあります。

また、髪形においては、**「おでこを出す」**のが効果的です。これは、男女ともにですが、おでこを出すことで、爽やかさ、自信、清潔感、信頼感の高さを印象づけることができます。

他にも、**メガネを着用すると、知的で真面目、信頼できる印象を持たせる**ことが可能です。塚脇涼太らによる広島大学の研究で、メタルフレームよりもセルフレーム（フレームが黒いプラスチック）のメガネのほうが印象がよくなることがわかっています。さらに、フレームが細いほうが優秀な社会人という印象を抱かれやすく、フレームが太いメガネは優しい・親切など温和な印象を持たせることができます。

最後に、清潔感もとても重要です。髪や肌、匂い、服、持ち物に不潔感があると、相手に本能的に嫌悪感を持たれてしまうので、身だしなみは常に整えるようにしましょう。

服装や髪形など、第一印象を戦略的につくる「型」ができれば、後はその型を使い回すだけで、自動的に印象操作ができるようになります。

正直、コミュニケーションにおいて臨機応変に心理テクニックを使うよりも圧倒的にラクなので、最初は大変かもしれませんが、一度じっくり研究してみてはいかがでしょうか。

第2章 仕事編

――一流の心理テクをマスターしよう！

34

アリストテレスの卓越した「プレゼン」3大奥義

書店に行くと、人を説得するためのハウツー本がたくさん並んでいて、そこには複数のテクニックが紹介されています。

正直、それらを全部しっかり覚えて実践するのはかなり難しいです。しかし、人を説得するための真理を3つに絞り込むことができれば、実践しやすいと思いませんか。

万学の祖であるアリストテレスは「どんな場合でも可能な説得の方法を見つけ出す能力」として、**「弁論術」**というものを生み出しました。そこで、人を説得するために必要な要素をたった3つにまで絞り込みましたが、それが**エトス、パトス、ロゴス**です。

▼エトス（論者の人柄による説得）

まず、自分を説得しようとする相手が信頼するのに十分な人物であるかどうかです。アリストテレスは、「論者の人柄は最も強力と言っていいほどの説得力を持っている」と言っています。

心理学的にも、**「人柄がいい人」という先入観は、その人が言うことも信頼できると考えてしまう『連合の法則』が働く**ので、かなり強力な要素です。ですから、服装、表情、しぐさ、持ち物、人当たりなどから、相手の信頼を得ることができるよう気をつける必要があります。

▼パトス（聞き手の感情による説得）

次に、相手の感情がどういう状態かです。

人は論理より感情の生き物なので、合理性よりも自分の感情を重視して意見を変えることも多い。相手が穏やかなときには説得できた内容でも、不機嫌なときに同じ提案をしても断られてしまう場合があります。

相手の感情が前向きではないときは、すぐにセールストークに入るのではなく、アイスブレイクで相手の気持ちを盛り立ててからプレゼンをしたほうが、成功率が高まります。プレゼン中も冷静に淡々と話すよりも、抑揚をつける。これも相手の感情を動かす重要なポイントです。

▼ロゴス（内容の論理性による説得）

説得する内容が論理的に構成されているかです。人間は感情で動く生き物とはいえ、説明に漏れがあったり、筋道が通っていなければ説得できませんから、きちんとした論理はもちろん必要です。

話をしていて、相手が論理的矛盾を発見すると、その瞬間、話が理解できなくて思考がストップしたり、あなたのことを怪しんで信頼関係が崩れてしまいます。

相手を説得するためには論理性が不可欠です。

もし、プレゼンやセールストークで相手の反応が薄いときは、この3つのポイントが十分に満たせているかチェックすることをお忘れなく。

35

メリットばかり並べ立てるより「誠実さ」が伝わるコツ

セールストークでは、商品を売ることよりも先に、相手と信頼関係を築くことが重要です。

なぜなら、人にモノを買わせる話術はある意味、「この商品はいい」と思わせる暗示でもあり、相手を効果的に暗示にかけるには**『ラポール（信頼関係）』**の構築が鍵を握るからです。

ラポールをセールスの場で自然に構築する方法として、**『両面提示』**というものがあります。両面提示とは、人を説得するときに、**いい面だけでなく悪い面も合わせて提示することで、こちらに対する信頼感や説得力、好感度を高める**心理話術

です。

商品のセールストークで、買うことのメリットばかり話す人がいます。たとえば、「このスマホは、今一番人気のもので、カメラやスマホ自体の性能は一番高いです。お客様にオススメです」。これだと、「なんかうさんくさいな～」と、相手のなかに不信感が募《つの》って信頼関係を築くことができません。

一方、「このスマホは、今一番人気のもので、カメラやスマホ自体の性能が一番高いです。**ただその分、1つ前の機種より2万円高くなっています。もし、そこまで性能が必要でなければ、古い機種をオススメします**」と言われたらどうでしょう。

商品のメリットだけでなく、デメリットを提示することで、「この人は自分にとって不利なことも明かしてくれる。嘘を言ったり隠し事をしたりしないだろう。だから、言っていることが信頼できる」と思い込むようになるのです。それにより、その後のトークにも説得力が増すというわけです。

セールストークでは商品を売ること以上に、相手と信頼関係を築くことが大事で、それがその後の交渉の結果を左右するのです。いくらセールストークを練習してもなかなか営業成績が上がらない人は、商品のいい面しか伝えていないのではないでしょうか。

また、両面提示をする場合は、「長持ちするけど、価格は高い」のようにメリット→デメリットの順ではなく、「価格は高いけど、長持ちする」のように**デメリット→メリットの順に説明するほうが、相手の頭のなかにメリットがより強く残る**ので効果的です。

さらに効果を高めたいならば、デメリットの部分は、相手も考えていそうなこと、「それはそうだろうな」と共感しそうなことを言うのが理想的です。

セールストークにかぎらず、好きな人をデートに誘うときも、両面提示をすることで好感度が高まります。

「ちょっと遠いんだけど、僕のお薦めのレストランに行かない？」のように両面提示をすることで、「この人は正直な人だ」と思われ、相手の信頼感や好感度を上げることができます。

36

目標達成を心配する上司に欠けている視点

言葉の力を使って、自分や相手の行動をコントロールできることをご存じでしょうか。

そのテクニックは、社会心理学で**『コミットメントと一貫性』**と呼ばれています。

実は、「私は○○をする！」のような、**コミットメント（宣言）をさせることで、その立場と一貫した行動や立場を取るように心理的に圧力がかかる**のです。

つまり、「人は基本的に誰かとの約束を守ろうとする」というシンプルなものですが、このテクニックの可能性を十分に活かせている人は多いとはいえません。

たとえば、職場で部下に指示を伝えて、「わかりました」と返事をさせるだけでは不十分で、何をするべきか相手にコミットさせている人は少ないのではないでしょうか。この場合、相手にコミットさせることで、あなたの指示通りの行動を責任を持って実行してくれるようになります。

このコミットメントに対して一貫性を保とうとする傾向は、**自分が望んでいないことまでその人にさせるほど強力な効果を発揮します。**戦争中には、捕虜を拷問《ごうもん》にかける代わりに書面や声に出して母国を裏切る宣言をさせることで、軍事情報を漏らしたり、捕虜同士の情報を密告させるなど、実際に母国を裏切る行動を取らせた例もあったといいます。

もし、あなたの部下に達成させたい目標があるならば、その目標をコミットさせるといいでしょう。そうすることで、コミットメントによる圧力がかかり、目標を達成するためにより努力するようになります。

ドラマ『ドクターX』シリーズで米倉涼子さんが演じた大門未知子の名言「私、失敗しないので」にも、自分自身に対するコミットメントと一貫性の効果があります。

また、セールスにおいては、**買ってほしい商品の「気に入ったポイント」をお客様に書かせたり言わせる**ことで、「自分はこの商品を気に入っている」という立場のコミットメントを暗にさせることが可能です。そうすることで、そこからの交渉を有利に進めることができるでしょう。

子育てや職場などの教育の場においては、**次は何をしないといけないかこちらから指示するのではなく、相手（子ども、部下など）に自ら考えさせ、言わせる**ことで、相手はその行動をちゃんと取るようになるでしょう。

その他、飲食店や宿泊施設での無断キャンセルを減らすためにも、このテクニックは有効です。社会心理学者のロバート・チャルディーニによると、予約を受けたときに「もし、キャンセルされる場合はお電話いただけますか？」と伝え、相手に「はい、連絡します」とキャンセルポリシーに同意させておけば、無断キャンセルの割合がグッと下がることがわかっています。

37

リスクが大きいときほど、相手は話を聞いてくれる

あなたは「90％の確率で成功する手術」と、「500人中50人が失敗する手術」ならば、どちらを受けたいと思うでしょうか。

実は、どちらも同じ確率の話をしているのですが、前者の手術のほうが安心だと錯覚してしまう傾向があります。なぜなら、**人は得をする満足よりも、損による苦痛のほうを大きく評価してしまう**からです。

その心理によって、同じことを言っていても、利益より損によるダメージを高く評価し、損することを回避する選択をしてしまいます。これは、行動経済学で『**損失回避性**』と呼ばれています。2002年にノーベル経済学賞を受賞した行動経済学者ダニエル・カーネマンらが提唱しました。

このテクニックは、プレゼンでクライアントの心を動かすメッセージを考えるときに有効です。

たとえば、「弊社のシステムで、年間５００万円節約できます」というメリットをアピールするよりも、**「貴社は年間５００万円の損をしています」という、損失へのリスクを伝えることで、より相手に響くようになります。**

しかし、いろいろな人のプレゼンを見ていると、得をする満足をアピールする人のほうが多いようです。人が損失を避けようとする心理を利用するならば、自社の製品を採用しないことで、どういう損が起きるかをアピールしてください。

同様に、商品のキャッチコピーなら、「買った人は得をしている」よりも、**「買わない人が損をしている」という表現のほうが、消費者の興味を引く**でしょう。その人が行動したことで得る満足ではなく、行動しないことで味わう苦痛についてアピールするようなキャッチコピーを考えてみてください。

ただ、損失のリスクをアピールしすぎると、相手からは『脅迫』と思われる可能性があるので、過度なアピールや濫用《らんよう》にはご注意ください。

38

上司への報告がイマイチな人は「PNP法」を知らない

「交渉に失敗しました」「クライアントを怒らせてしまいました」など、悪いニュースを上司に伝えないといけない場合、仕事のできる人は『**PNP法**』を使うことで、上司が感情的に反応するのを抑えています。

PNP法とは、**ネガティブ（N）な情報を、ポジティブ（P）な情報で挟むことで、ネガティブな情報の印象を薄める**というものです。

これは、心理カウンセラーや医師が、患者が感情的にならないように、言いにくいことを伝えるときに使われる方法です。

決してネガティブなニュースを上司に気づかせないためではなく、ネガティブな情報を伝えながらも上司が感情的に反応するのを抑えるために、ポジティブな情報で挟むのです。

ネガティブな情報を最初に伝えると、次にポジティブな情報を伝えられても、感情的になっている上司の耳には届かないかもしれません。つまり、**情報を伝える順番が重要**なのです。

ネガティブの次にポジティブ、その次にネガティブではなく、PNPの順番で話すと、相手はネガティブな情報を冷静に受け入れてくれます。

たとえば、最初に「すみません。クライアントへ提出した見積もりが間違っていました……」と言い出すと、その後にポジティブな情報を伝えても、上司は感情的になって怒り出すかもしれません。

この場合、「クライアントには提案内容を満足していただけました**（P）**。ただ、提出した見積もりが間違っていました**（N）**。しかし、担当者にその旨を伝えたら追ってメールで送付してもらえれば大丈夫と言っていただけたので、すぐに対応します

（P）」という順番で伝えると、**上司が感情的に反応するのを抑えることができる**でしょう。

優秀な営業マンの悪いニュースの報告方法をよく聞いてみてください。この、PNP法の形式で報告している人が多いはずです。ぜひ、試してみてください。

ちなみに、医師が使う例として教えていただいたのは、がんの告知をするときに、最初に「あなたはがんです」と伝えると、その後にポジティブな情報を追加しても相手が取り乱してしまって、聞いてもらえない可能性がある。そこで、「早めに病院にいらしてよかった（P）。検査の結果、肺がんであることがわかりましたが（N）、すぐに治療すればきっと克服できます（P）」と伝えると、相手は取り乱さず冷静に話を聞くことができるそうです。

39

「人望が厚い人」が極めている3つの質問

成功するためには多くの人の力が必要です。自分一人の力で成し遂げることはできません。

そして、助けを借りるためには、まわりの人から信頼され、応援される、そんな人望の厚い人になる必要があります。

アメリカの著名な心理カウンセラーのレス・ギブリンの研究によると、**「人望を集めるには相手の自尊心を満たすことが重要」**ということがわかっています。自尊心とは、自分が重要な存在、価値のある存在だと感じたい気持ちのことです。

すべての人が自分の自尊心を満たしたい、満たしてほしいと思っていて、それを満たしてくれる人を大切にするようになります。

ＬＩＮＥで既読スルーをされるとイラッとするのは、無視されたことで価値のない存在だと扱われた、つまり、自尊心が下げられたと感じることが原因だと考えられます。

相手の自尊心を満たすために効果的な方法として、レス・ギブソンが提案している方法のひとつが『**質問をする**』というものです。

相手に質問をすることは、**「あなたの話は聞く価値がある」「私はあなたに興味がある」という意思表示**であり、相手の自尊心を満たすことにつながります。

そして、相手のことを重要に扱うからこそ、相手もこちらを重要な存在だとみなしてくれるようになります。

ですから、交流会などに参加したときは、相手に興味を持って話を聞いてみてください。できれば、**3つほど別々のテーマで質問ができれば上出来**です。たとえば、その人が成し遂げてきたこと、こだわっていること、好きなこと、得意なことなどについて質問するといいでしょう。

そして、**相手の話について、共感・感動・称賛**してください。また、可能であれば、聞いた話についてさらに質問をすると、相手の自尊心をさらに満たすことができます。

逆に、相手が話をしているときは、決して相手の話を遮《さえぎ》ってはいけません。批判してもいけません。また、人望を高めるために、自分のすごさをアピールする必要もありません。**自分の話をするのは、相手の自尊心が満たされた後です。**いったん自尊心が満たされると、自然とこちらに注目してくれるようになります。相手がこちらについて質問をしてきたときが、話を切り替えてもいいタイミングです。アピールしたいことがあるのなら、そのときです。異業種交流会などで自分をアピールするのに必死になるのはわかりますが、それは二の次です。まずは、相手の自尊心を満たしてから、自分の話をするように心がけてください。

また、対人スキルの世界的な権威であるデール・カーネギーが提唱する、人を動かす3原則**「非難しない、相手の真価を認める、相手の立場に身を置く」**というものがあります。これらも、人の自尊心を傷つける行為を禁止して、相手の自尊心を高める行動を促しており、まわりからの信頼を集めて、頼みを聞いてくれやすい状態をつくる原則になっています。それによって、あなたは多くの人を味方にして大きな成功を手に入れることができるでしょう。

40

億を稼ぐ人が実践する「1つの心理を突く」誘導術

セールストークで、相手を説得したいのならば、一方的にセールストークを行なう『外発的説得』よりも、**相手に主導権を渡して説得する『内発的説得』が効果的**です。

外発的説得は説得する側が結論を提示しますが、内発的説得は質問を通して相手に考えさせる道筋をつくり、相手に結論を『言わせる』説得術です。

私が出会う、年間で億を稼ぐような優秀な営業マンには外発的説得を行なう人は少なく、むしろ内発的説得を行なう人が多いのです。

人は外から与えられた結論については慎重になる心理が働きますが、**自分の口から出た結論については、それが正しい結論だと無防備に信じ込んでしまいます。**

たとえば、社内で意見が割れて決断に時間がかかっている問題があり、外部のコンサルタントを雇おうとしているクライアントがいるとしましょう。

外発的説得として、今すぐコンサル契約すべき理由をプレゼンするよりも、次のように、コンサル契約すべき理由を相手に言ってもらうほうが効果的です。

相手「このままコンサル契約してもいいか少し不安なんです」
あなた「なるほど、少し不安なんですね。どういった点が不安なんですか？」
※バックトラッキング（相手の話のキーワードをオウム返しにする。141ページ参照）をしながら、内発的説得をはじめます。
相手「お願いしても、ちゃんと問題が解決するかわからないので……」

あなた「なるほど。不安になっておられる点は理解しました。ちなみに、我々と契約しない場合、今の問題はどうなります？」

相手「このまま問題が解決できずにズルズルいって、期限を過ぎるかもしれません」

あなた「その内容で、決定権を持っている人を説得できますか？」

相手「いえ、できない可能性が高いです……」

あなた「だとすると、経験がある我々と一緒に解決策を考えたほうが、効果的ではないですか？」

相手「確かに、そうかもしれません」

イメージしやすいようにスムーズにいった例を出しましたが、このように、**相手のなかに気づきを与えたり、不安を生み出す**ことで、説得の成功率を高める手法が内発的説得です。

あなたが導きたい結論を相手に言わせることで、相手はそれが正しい結論であると確信するようになります。一方的なプレゼンではなく、対話型のプレゼンで、説得の成功率を高めてください。

41 一流の営業マンが第一印象よりも大切にする「去り際」

心理学では、**最後に得た情報が**①『**短期的に強く記憶に残りやすく**』、②『**全体の印象を決める**』ということがわかっています。

これは、アメリカの社会心理学者ノーマン・アンダーソンの実験に基づいて提唱された心理作用で、『**親近効果**』といわれています。

この実験によると、模擬裁判を実施して被験者に陪審員として参加してもらい、弁護側と検察側の証言をそれぞれ6つずつ聞いてもらいました。証言の流れは弁護

側と検察側が2つずつ交互に証言するパターンと、弁護側と検察側が6つずつ証言するパターンが行なわれました。弁護側と検察側が証言する順番は固定しません。

その結果、被験者である陪審員は最後に証言した側に有利な結論を下しました。

つまり、**人は複雑な情報を与えられると、最後に与えられた情報をもとに物事を判断する**ことがわかったのです。

これは、「終わりよければすべてよし、終わり悪ければすべて悪し」ということでもあります。

たとえば、私たちが映画の内容を評価するときに、途中のストーリーよりも、最後がどうだったかで作品そのものの評価をしてしまっているはずです。

この心理作用はプレゼンなどで活用することができます。

最後に提示された情報が相手の頭に残るので、**プレゼン資料の最後にまとめのページをつくる**ことはとても大切です。結論にいたる過程でどんなに重要な情報をちりばめていても、相手はほとんど覚えていません。

コンサルタントの資料で、重要な情報を複数ページにわたって提示しているものがありますが、それも相手の頭には残っていません。したがって、「この情報で判断してください」というまとめを必ず最後に付けるようにしてください。

会議や商談の終わり方もとても重要です。相手がネガティブな感情のまま終わってしまうと、その時間全体が相手のなかで悪い印象になってしまいます。私自身、会議や商談の最後に相手がどんな感情になっているか、かなり気を使っています。

もし、**相手がネガティブな感情を持っている場合は、雑談などを通して、相手の気持ちを切り替えてから終わらせる**ようにしてください。

また、仕事でミスがあったときは、帰り際に、迷惑をかけた上司などに改めて「申し訳ありませんでした」と謝るといいでしょう。ミスをした後すぐに謝ることはもちろんですが、そのとき相手のなかで怒りや失望などの感情が起こっていると、それをもとにあなたの失敗が評価されてしまいます。

しかし、**相手の感情が落ち着いたときに改めて謝ることで、あなたの失敗に対する評価を上書きすることができる**のです。

42

話し手の感情のツボを刺激する「聞き方」テクニック

聞き上手になるためには、前述のように『バックトラッキング』というシンプルで効果的なテクニックがあります。これは、相手の言ったことなどをオウム返しにするテクニックです。

人は「理解されたい」という欲求を持っていて、それを満たしてくれる人を大切にします。会話のなかでオウム返しをするだけで、相手は理解されていると感じるので、**「もっと聞いてほしい！」という欲求や、「この人はちゃんと話を聞いてくれている」という安心感や信頼感が生まれます。**

また、会話というのはキャッチボールなので、オウム返しをすると、相手にボールが返り、**もっと話をしようという無意識のプレッシャーを相手に与え、話を引**

き出すことができます。

心理学者のリック・ファン・バーレンによれば、ウェイターが客の注文をそのまま繰り返すことで、もらえるチップの額が増えるという研究結果があり、ある調査によると、チップが70％も増加したそうです。

これは、相手の注文をオウム返しにすることで、相手は自分が理解されている、受け入れられていると感じるために、ウェイターに対する信頼感が高まって、チップが増えたと考えられます。

オウム返しにするものは、①相手の言葉、②相手の感情、③相手の話の要点、の3つです。

①相手の言葉

相手が言ったことや、相手が言ったことのキーワードだけを繰り返します。

例：相手「実は、今年は予算が厳しくて……」
　　自分「なるほど、予算が厳しいのですね」

②相手の感情
相手が話しているときに感じているであろう感情を言葉にして返します。
例：相手「この前、仕事でミスをしてしまって……」
　　自分「それは、悔しかったね」

③相手の話の要点
相手が言ったことの要点をまとめてオウム返しにします。
例：相手「システムを導入しようにも、社内にシステムに詳しい人間がいなくて……」
　　自分「なるほど、導入するための支援も必要ということですね」

また、クレーム対応にもこの手法が使えます。相手の言葉や感情をオウム返しにすると、自分のことを理解しようとしてくれていると感じて、少しずつ落ち着かせることができます。
クレーマーというのは、**問題を解決することよりも、感情を吐き出すことを目**

的とする人が多いので、バックトラッキングは効果的なのです。

ただ、このときにやってはいけないのは、相手の感情を間違って汲み取ることです。相手は自分の怒りを知ってほしいと思っているのに、「ご不便をおかけして申し訳ありません」と繰り返しても、全然理解されていないと感じ、さらに怒りが増してしまいます。

したがって、「お客様がお怒りになるのは、ごもっともです」のような、**相手の感情と意見を言語化しつつ肯定してあげる**のが正しい会話といえます。

バックトラッキングをうまく使えると、オウム返しをしているだけなのに、相手は自発的にどんどん話をして、あなたのことを聞き上手、信頼できる人と思ってくれるようになるでしょう。

43

部下がいつの間にか優秀な人に変わる「選ばせる」育て方

講演先の企業で、「部下に仕事を任せても、責任を持ってやってくれない」という相談を何度か受けたことがあります。

アメリカの心理学者エドワード・L・デシとリチャード・ライアンが提唱した『**自己決定理論**』で、この問題を解決することができます。

この問題の原因は、上司が仕事を与えていることでした。

人は、自らの選択に基づいて行動したいという『自律性』の欲求を持っていて、自分の意思で選択することが、納得感や責任感を高めます。

なので、「これをしなさい」と1つの選択肢を与えるのではなく、**「Aの仕事とBの仕事だったら、どっちがしたい？」と選択をさせる**ことで、部下の仕事に対する責任感を高めることができます。

部下の目標設定においても、部下に指示を与えて、その先の具体的な行動は本人に決めさせることで、その目標を達成できる確率も高まるでしょう。

部下は目標を達成するための手段を聞かれても、「毎日の業務をもっとがんばる」という曖昧《あいまい》な行動目標を立てることがあります。また、単に目標を与えられただけでは、本人の責任感が低い可能性があります。

そこで、**部下自身に行動を決めさせることで、責任感と納得感を持たせる**というわけです。私はこの方法を、ある外資系保険会社で実施してもらい、目標達成へのモチベーションアップにつなげました。

また、子どもに勉強をさせるときも、「今すぐやりなさい」と指示するのではなく、「今から勉強するか、ご飯を食べてから勉強するか、どっちがいい？」と選ばせることで、その選択に責任を持つようになり、約束を守るようになるでしょう。

44

必要な情報のヒアリング不足を数秒で解消するワザ

相手から情報を引き出したいとき、多くの人は、どう質問して「奪う」かという方法を考えます。しかし、**相手から情報を奪いたいなら、まず「与える」**ことが重要です。

戦略的に情報を奪うような質問方法は、相手を心理的に追いつめたり、騙《だま》された気分にさせるため、間違いなく信頼関係を崩してしまいます。

相手を追いつめることなく、「言ってもいいかな」という気分にさせる心理話術が、**『返報性話術』**です。これは、**人は何かを与えられると、相手にも返したいと思う**『返報性の法則』という心理を応用しています。

たとえば、コールセンターのオペレーターが「恐れ入りますが、お客様のお名前を伺えますか」と言うよりも、「担当の山本と申します。恐れ入りますが、お客様のお名前を伺えますか」と言うほうが、相手は素直に教えてくれるでしょう。

自分が欲しい情報を相手から引き出したいときは、それに見合った情報を先に与えてから相手に質問するという流れを実践してみてください。

たとえばビジネスの場で、相手から予算感を引き出したいときは、「ちなみに、予算感はどれくらいでしょうか？」と聞くよりも、**「同業他社では一般的に、〇千万円の予算を取っていることが多いですが、貴社の予算感はどれくらいをお考えでしょうか？」**のほうが、相手が情報を提供してくれやすいです。

ただしこのときに、相手から秘密の情報を引き出したいからといって、「ここだけの話ですが……」と、どこかで得た秘密の情報を漏らしてしまうのは危険です。

そんなに口の軽い人に、相手は自分の秘密の情報を与えようとは思いません。余計に情報を引き出しにくくなってしまいます。

45

冷静な損得勘定を鈍らせる巧妙な心理テクニック

人は**「もったいない」という感情で、非合理的な行動をとってしまう**生き物です。たとえば、パチンコや競馬のようなギャンブルで負け続けると、負けを取り返そうと、さらにお金をかけ続けてしまいます。しかし合理的に考えれば、ギャンブルで負けを取り返せる確率は低いので、その時点で止めたほうがいいはずです。

このように、これ以上お金や時間を投資しても損失になるとわかっているのに、これまでの投資分を回収しようと投資を続けてしまう心理は『**コンコルド効果**』と呼ばれています。

デアゴスティーニ・ジャパンのマーケティング手法にも、このテクニックが組み

込まれているのではないかと思います。

デアゴスティーニでは「組立シリーズ」などのマガジンを販売していますが、車の模型やロボットなどを完成させるには、パーツの付いたマガジンを毎号買い続ける必要があります。また、創刊号は特別価格で安くなっているため、最初は手を出しやすくなっています。

この手法は、ある程度買い続けるうち、**途中で興味がなくなっても、「せっかくここまで集めたんだから」というコンコルド効果が働いて、最後まで買い続けてしまいます。**

他にもスマホゲームやマッチングアプリへの課金も、「ここまで、〇万円も投資したんだからもったいない」という気持ちが働き、成果を出せるまでユーザーが投資し続けてしまう仕組みができています。

ビジネスにおいて、相手が退会・解約しづらい状況をつくるためにコンコルド効果を活用したいのなら、**「まずは、小さいところから初めてみませんか？」と誘い、お金や時間、労力などをちょっとずつ蓄積させる**ことで、退会やサービスの停止に対する抑制を働かせることができます。

また、ポイントや利用状況に応じたステータスなどで、お金や時間をどれくらいそのサービスのために使ってきたかを「見える化」してあげると、『**サンクコスト効果**』（サンクコストは取り返すことのできない費用のこと）が発生しやすくなります。

46

売りまくる人は「雰囲気を超良くする」ことを優先する

もし、他の営業マンに売れる商品でも、あなたには売れない場合、あなたが雰囲気づくりに失敗しているのかもしれません。

これは、『**連合の法則**』と呼ばれるもので、本来はまったく異なるものを、結びつけて見てしまう心理作用のことです。

芸能人をテレビＣＭに起用する理由も、彼らの持つ好感度を商品の印象に反映したいからです。

このように、人と商品の印象を結びつけるだけではありません、**服装と性格の明るさ、学歴と仕事の能力、話し方と人柄**など、さまざまな組み合わせでこの心理が働きます。

たとえば、採用面接のときに、「東京大学出身なら仕事ができそう」と思うのも、連合の法則による効果です。

詐欺師が高級なスーツを着ているのも、「この人が紹介する商品なら信頼できそう」という印象を相手に持たせるためで、よく考えてみれば、着ている服と商品に関係なんてありません。

セールストークやプレゼンをする前の雰囲気づくりはかなり重要です。

もし、プレゼンする商品やあなた自身に対して前向きの印象を持ってほしいのなら、まず明るい話題にふれてからにしましょう。**場が明るくなったタイミングで商品を紹介するようにしてください。**

もし、暗いニュースを話題にして、どんよりした雰囲気のなかでプレゼンを開始すると、取引先に商品に対して悪い印象を持たせてしまうので、絶対にやらないほうがいいでしょう。

47 「さっぱり売れない」という人がしている無駄な売り込み

どんなニーズにも応えられるように商品ラインナップを多くすると、逆に誰も選べなくなることをご存じですか。

『ジャムの法則（決定回避の法則）』というものがあります。これは、**選択肢がたくさんありすぎると、どれを選んだらいいかわからなくなり、結果的に何も選べずに終わってしまう**という心理です。

コロンビア大学のシーナ・アイエンガーが行なった実験によると、ジャムの試食コーナーに、6種類のジャムを置いた場合と、24種類のジャムを置いた場合では、6種類のほうが購入した人数が約10倍も多かったのです。

これは、商品の陳列だけでなく、携帯会社や保険のプランの数にも同様のことがいえます。どんな場合にも対応できるように、たくさんのプランを準備しても、消費者は逆にどれを買ったらいいか迷ってしまい、「また今度考えよう」「よくわからない」と、選択することを放棄してしまいます。

相手に確実にどれかを選ばせたいなら、選択肢を3つ程度に絞り込むといいでしょう。そして、その3つの違いを明確にアピールしてください。些細《ささい》な違いしかなければ、相手は混乱して選ぶことができません。

たとえば、家電量販店にズラーッと並んだ電子レンジの前で悩んでいるお客様に、一つひとつの商品を説明したり、「どのような電子レンジをお探しですか？」と聞くより、**「安いけれど最低限の機能が必要であれば商品A。金額は普通くらいでそれなりの機能がほしいなら商品B。ちょっと高いですがおまかせメニューもほ**

しいのであれば、商品Cです。お客様のご要望に一番近いのはどれですか？」と聞くほうが、目的がはっきりして選びやすくなるはずです。

状況によって、どうしてもたくさんのメニューを示す必要があるなら、「これが一番人気！」など、選びやすいように表記するといいでしょう。

Ａｐｐｌｅ Ｓｔｏｒｅに行くと、商品の選択肢が少なく、選ぶのに迷うストレスがないので、心理学的には最適な商品陳列となっています。商品のラインナップには選択と集中が必要なのです。

48

「きつい物言い」で部下を育てる人が見落としている盲点

部下を育てるときは、ダメなところを指摘するよりも、どんなところに期待をしているかを伝えることで、無意識にその期待に応えようとして成長します。

これは、**『ピグマリオン効果』**と呼ばれ、アメリカの教育心理学者ロバート・ローゼンタールによって提唱されました。

ある小学校で実験を行ない、「君たちは優秀な生徒です」と教師から期待をかけられた生徒のグループと、そうでないグループに学力に関係なく無作為に分け、数か月後の学力の向上を検証しました。

すると、期待をかけられたグループのほうが学力の向上が高いということがわかりました。このことから、**人は期待をされると、その期待に応えようと努力する**ことが明らかになったのです。

部下の教育において、失敗を指摘することはあっても、きちんと期待を伝えている人は少ないのではないでしょうか。「怒られるうちが花だよ」などと失敗を指摘することが、成長への期待の表れと思わせるのではなく、言葉にして期待する気持ちを伝えてください。

その際、**その期待が、本人が実現したいことと一致している**と理想的です。たとえば、「もっと営業力を磨けば、トップ営業になるのも夢じゃない！」と言われても、本人がそれを望んでいなければ、上司の期待も意味がありません。

ピグマリオン効果を効果的に使うには、部下とコミュニケーションをとって、**部下のキャリアプランについてよく知ることが重要です。**

逆に、負のピグマリオン効果として『**ゴーレム効果**』というのも存在しています。

部下に対して、「お前はいつもおっちょこちょいだからなあ」「細かいところをいつも間違えるよな」などの**ネガティブな言葉をかけると、相手は無意識にその負の期待に応えようとして、仕事の能力が低下してしまいます。**

したがって、部下の失敗を注意する際にも、最後は期待する言葉で終わらせるなど注意が必要です。

また、「お前は優秀になれる」などと期待だけを与えても、本人が怠《なま》けてしまう可能性があるので、成長を期待するだけでなく、少し高めの目標を設定するなどのプレッシャーを与えることも必要です。

その際の**ゴール設定は、その人の能力の1・5倍くらい高い目標が効果的**です。その目標を達成することはおそらく難しいかもしれませんが、心理学者のジョン・W・アトキンソンは、その人に期待する100%を達成するには適度なプレッシャーが必要だと言及しています。

49

4±1の法則で「とことん伝わる話し方」になる

「今回のテーマは3つです」「その理由は3つあります」のように、**言いたいことを3つに絞る**ことは、相手の記憶に残すのに効果的です。

アメリカの心理学者ジョージ・ミラーが、1956年に「マジカルナンバー7」を考案しました。これは、**「人間が短期的に記憶できる意味のある単語の量（チャンク）は7±2。つまり、5～9個しか記憶できない」**というものです。

チャンクとは、意味のある言葉の固まりのことで、「東京都」は1チャンクですが、「東」・「京」・「都」と分割すると、3チャンクになります。

しかし、このマジカルナンバー7は、現在では、「マジカルナンバー4」である

ことがわかっています。2001年にミズーリ大学のネルソン・コーワンが、マジカルナンバー4を提唱しました。これは、**「人が短期的に記憶できるのは4±1。つまり、3～5個である」**というものです。

確かに、以下のようなリストを見せられたとき、しばらく経ったのちに暗唱できるのは、3つから多くても5つではないでしょうか。

東京都　広島県　山口県　京都府　鹿児島県　愛知県

これにしたがえば、プレゼン等で自社の製品の強みや、相手に覚えていてほしいことを伝えたいときは、3つに絞るといいでしょう。たとえば、「自社の製品は以下を実現します。コスト削減、作業効率化、セキュリティ強化」などの形です。

ただし、3つに絞ったときに、**一つひとつが長文になっては意味がありません。**「他社ベンチマークに基づくコスト削減、最新のAI技術による作業効率化……」のように長々と説明すると、3チャンクどころではなくなり、プレゼンが終わった後に、「結局、何ができるんだ?」と、相手の記憶に残らなくなってしまいます。

50 「やられたらやり返す」のが世界最高の人間関係術

『半沢直樹』の「やられたらやり返す……倍返しだ！」は、人づき合いの戦略として最強ということが、心理学的にわかっています。

これは、**『しっぺ返し戦略』**と呼ばれています。

政治学者ロバート・アクセルロッドの呼びかけで行なわれた、何十とある戦略をコンピュータでシミュレーションして、最も利益の多くなる戦略を特定するトーナメントで優勝したのが、行動学者ラパポートによる『しっぺ返し戦略』でした。

『しっぺ返し戦略』とは、まず自分から協調をして、次は相手の協調に従う。その後も、相手が協調を続けたら自分もそれにならうことを続けるのですが、**もし相手が裏切ったら、自分も裏切ります。**この戦略を取れば、人間関係における利益を

最大化させて、損失を最小化させることができます。

相手に裏切られた経験がある人は、同じ状況になったときに、どうすべきか悩むかもしれませんが、相手に振り回されて搾取《さくしゅ》される側になりたくないのであれば、**良心が咎《とが》めたとしても大きく損をする前に裏切り返す**（これ以上関わらないと決めるなど）ほうがいいでしょう。

そして、この戦略をさらに改良したものが**『寛容なしっぺ返し戦略』**です。この戦略に追加されたのは、**相手が裏切ったとしても、反省をすれば過去の裏切りを許して協力する**という寛容さです。

私たちは一度裏切られると、相手が反省したとしても、過去に裏切られたことを引きずって協力できなくなってしまいますが、それは、戦略的には正しくありません。

こちらが寛容さを示すことで、相手は心の広さを感じて、以前よりも関係が強固になりますし、裏切ることの痛みを学習して反省した人は、今後、裏切りづらくなります。裏切ったことのない人よりも、経験のある人のほうが、裏切りづらくなる可能性があります。

ずる賢く人を裏切って成功しようとする人は、短期的には成功するかもしれませんが、長期的には成功しないこともわかっています。ですから、決して自分から裏切ってはいけません。自分が正しいと思う、良い選択を繰り返すことが、長期的には多くの利益を得ることにつながります。

51

相手を「受け入れ万全の態勢」にさせる聞き方スキル

あらゆるコミュニケーションにおいて、自分の考えを理解してほしければ、まず相手の話を聞くことからはじめてください。

「理解してから理解される」

これは、スティーブン・R・コヴィー著『7つの習慣』に書か

れた言葉で、自分の人格や能力を高めるための習慣のひとつです。

同著によると、多くの人が相手のことを理解するよりも、「自分のことを理解されたい」という欲求を優先するそうです。その欲求が満たされるまでは、相手のことを理解しようとして話を聞いている人は少なく、次に自分が何を話そうか考えながら相手の話を聞いているといいます。

その結果にしたがえば、こちらがどれだけ一生懸命話しても、相手に理解してもらうことは難しいので、**相手の「理解されたい！」という欲求をまずは満たしてから、次に自分が理解してほしい話をする**必要があります。

私も人間関係全般で、この「理解してから理解される」ことの重要性を認識し、実践しています。この考えは心理学的に正しく、信頼関係を築くために効果的です。

前述の『**返報性の法則**』に基づくと、人は理解してもらえると、相手のことを理解しようとします。また、誰かに理解してもらうことで、人は相手を理解する心の余裕ができます。

しかし、ただ話を聞いていればいいというわけではなく、正しく理解して、そのことが相手に伝わっていないといけません。

そのために、私がよく使う口癖が**「つまり、○○ということですね」**。これまでにも説明した『バックトラッキング』を利用して、相手が言ったことの要点をまとめて返し、ちゃんと理解したことを伝えるテクニックです。

たとえば、職場の人間関係に悩んでいる人との会話で、

部下「職場で派閥があって、それに属していない私は陰で悪口を言われているんです……」
自分「**つまり**派閥に属したほうがいいのか、属さなくてもいいのか**という悩みですね**」
相手「そうなんです！　どっちが正解なのかわからなくて……」

最初はかなり難しいかもしれません。誰もが自分の視点で考えてしまうので、相手の視点になって話を聞きながら考えるためには、集中力が必要です。しかし、これを一度身につけると、コミュニケーションスキルとして強力なものになります。

理解してほしいなら、まず、相手を理解することからはじめてください。

52

「ユーモアがある」は最強の生存戦略

優秀な営業マンは「笑い」と「ユーモア」の違いを理解しています。

ユーモアとは、普通の人が見すごしているような視点で世の中を見て、ユニークな発想と新しいアイディアで、**相手の「なるほどね！（笑）」を引き出すような知性のある笑い**です。バカバカしいことをして笑いを取るのとは違います。

たとえば、ソフトバンクグループの孫正義の「髪の毛が後退しているのではない。

私が前進しているのである」という言葉は、ユニークでありユーモアのある言葉です。ある現実に対して、2つの視点を与えています。ただ、「笑い」だけを取るなら、髪が後退していることをネタにバカバカしいことをすればいいでしょう。

ユーモア度と営業力の相関に関する調査を、神奈川大学の大島希巳江《きみえ》が行なっています。同氏はユーモア度を図るために、保険会社の営業担当者400人を対象に、アメリカのユーモア理論に基づいて10個の質問に回答してもらいました。

以下の質問に対して、5段階（1：当てはまらない⇒5：よく当てはまる）で評価し、その合計点を算出します。みなさんも試してみてください。

1　考え方に柔軟性があるほうだ
2　失敗することを恐れずチャレンジするほうだ
3　クリエイティブ（創造的）な作業が得意だ
4　「1＋1＝」という問題には2つ以上の答えがあると思う
5　チームワークはいいほうだ

6　物事に対する理解は早いほうだ
7　健康状態はいい
8　失敗してもすぐに立ち直る
9　遊び心がある
10　プラス思考である

いかがでしたか。**点数の合計点が高い人ほどユーモア度が高い**ということがわかっており、その数値の高さが営業成績に直結している可能性があります。

これはおそらく、ユーモアをコミュニケーションに取り入れていることで、ユーモアに必要な頭の回転の速さや、語彙《ごい》力の多さを相手にアピールすることができ、相手との信頼関係を築いたり、笑いを取ることで相手が心を開いてくれるようになるからだと考えられます。

10個の質問を分析すると、チャレンジ精神、チームワーク、吸収力、発想力というところがポイントになっているようです。

つまり、**友人との旅行や遊びで新しい経験を積むなどフットワークが軽いことが、ユーモア度を高めることにつながります。**私のまわりでも、ユーモアのある人は行動が早かったり、たくさんの人と出会って話すのが好きだという人が多いです。

実際、友人関係を調べた調査で、ユーモアのある友人と一緒にいるほうが満足度が高いという結果も出ています。

ユーモアのある人のまわりには人が集まってきて、新しい出会いがユーモアをさらに高める。そうやって、さらにユーモア度を上げるサイクルに入ることができるのです。

53

一流は買うメリットを強調する。三流は商品のすごさを説明する

「Aという電子レンジを買うつもりで家電量販店に行ったのに、最新型だからという理由で少し予算オーバーのBのほうを買ってしまった」という経験はないでしょうか。

また、今月は節約しようと思っていたのに、目の前に自分が欲しい高級腕時計があったら、「高級なものを身につければ、お金は自然と集まってくるはずだ」と、衝動的に買ってしまうことはないでしょうか。

このような、**自分が合理的に決めていたことと矛盾した行動を取ってしまう心理作用は、『理由に基づく選択理論』**で説明することができます。

『理由に基づく選択理論』とは、心理学者エイモス・トベルスキーらが提唱したもので、**人が何かを選択・決定するとき、必ずしも合理的な理由が必要なわけではなく、それを選んだ納得のいく物語があればいい**という理論です。

その物語によって自己正当化できれば、その選択が矛盾していても、能動的に選び取ってしまうのです。

人は論理ではなく感情で動く生き物です。そして、ストーリーは人の感情を動かすのに効果的です。したがって、相手に何かを売り込みたいならば、**入念に練られた論理的なトークよりも、相手の心を動かすストーリーを考える**ことです。

テレビCMにおいても、その商品の素晴らしさをアピールするよりも、商品を介して生まれる家族とのストーリーや、恋人との時間、特別な体験など、それを買うべきストーリーをつくって提供すると、その人の心が動いて行動を起こしやすいのです。

ただし、『理由に基づく選択理論』は、本人にとってリスクのある行動を取らせることもできるので、使い方を間違えると、悪用することも可能となる危険な技術です。

54 仕事のできない人は「エビングハウスの忘却曲線」がわかっていない

仕事のために勉強するなら、「仕事で使うスキル」または「仕事で使うことができそうなスキル」にしましょう。人はせっかく勉強したことでも、日常生活で使わないと、ゆっくりと忘れていってしまうからです。

ただ、こういう話をすると、**『エビングハウスの忘却曲線』**のことだと思われがちです。これは、「人は記憶したことを20分後には42％忘れて、1時間後には56％忘れる」と説明されていますが、実は間違いです。

ネット上では、経過時間と忘却率（忘れた割合）の関係を示したグラフが多く紹介されていますが、**本当は、時間と節約率（もう一度暗記したときに前回よりも節約できた時間）の関係を表したもの**なのです。

つまり、20分で42％忘れるのではなく、20分後にもう一度暗記しようとしたら58％、1時間なら34％の時間を節約できるということです。どこかで、情報が歪んでしまったようです。

しかし、カナダのウォータールー大学の研究で面白いものがあるのでご紹介します。それによると、**講義を受けた翌日に復習しないと、学んだことの50～80％を忘れてしまい、30日後には2～3％程度しか記憶に残っていませんでした。**

このように人の脳が忘れてしまう理由は、脳は頻繁に接触しない情報を必要でないものだと認識して捨ててしまうからです。ですから適切なタイミングで脳に同じ情報を与えることで、重要なものと認識して、記憶に残そうとしてくれます。

ウォータールー大学の実験で導き出された効果的な勉強法は、**講義を受けた後、24時間以内に10分復習するだけで、記憶を100％取り戻すことができる。**さらに、1週間後には、5分復習するだけで100％知識を取り戻すことができるとわかりました。

ということは、仕事のために本を読んだり、セミナーに行ったときは、「このテクニックは明日、こういうふうに使おう」と考えて利用しないと、せっかく得た知識や時間、お金が無駄になってしまいます。翌日に仕事で使うことが復習につながり、しっかりと脳に知識が残るようになります。

これは、学生の勉強でも同じです、学校の勉強の復習を1週間分まとめてやる人がいますが、その方法では最初のほうに学んだことをかなり忘れてしまうため、復習の効率がよくありません。

効率のいい復習方法は、授業の前、電車での移動中や寝る前に、前日の復習を10分して、さらに1週間前の復習を5分すると、勉強したことの内容を脳に残しておくことができます。

この実験結果を仕事で活かすならば、次のような方法が考えられます。

①仕事の復習はその日のうちに

その日のうちに職場で学んだことや失敗したことを復習します。それにより、脳に定着させることができます。

先延ばしにすると、せっかく学んだことを忘れてしまって、翌日また同じミスをしてしまい、「何度同じことを言わせるんだ！」と、上司に怒られかねません。

②メールはすぐに返す

ビジネスメールはすぐに返すほうが、相手のストレスになりづらいです。時間の経過とともに、相手はメールを送ったときに考えていたことを忘れていってしまいます。

メールを送ってから数時間後に返信があると、相手はそのたびに何の話をしていたか思い出す必要があるので、それだけでもストレスになるでしょう。また、時間をおくことで言っていることが変わってしまう可能性があります。「ビジネスメールは即レス」を肝に銘じましょう。

55

人間関係に恵まれない人が「水曜日」を警戒すべき理由

「やばい〜！　これ言ったら、絶対に怒られる〜！」という失敗をしたことは、誰にでもあると思います。できれば上司に怒られないようにしたい……。それを考えているうちに、報告しない理由ばかり頭に浮かんで、先延ばしになってしまう人も多いと思います。

実は、怒られる可能性を減らせる報告方法があるので、ご紹介します。

それは、**水曜日の報告を避ける**ことです。

アイオワ大学のスティーブ・ダックが行なった調査によると、**1週間（ウィークデイ）のうち人間関係で最も衝突が多かったのは水曜日**ということがわかりました。

調査を行なう前、研究グループは「休み明けの月曜日が最も衝突が起きやすいのではないか？」という仮説を立てていましたが、実際に口喧嘩をした回数を集計してみた結果、月曜日は逆に最も衝突が起きる回数が少なく、水曜日に衝突することが最も多いことがわかったのです。

水曜日に失敗が多いから衝突が多くなるのか、水曜日に感情的になりやすいから衝突が多いのか、研究ではわかっていません。

もしかしたら、週の半ばで仕事のストレスの積み重ねがあったり、まだ休みまで日数があることなどが、人を短気にさせるのかもしれません。

そんな衝突の多い日に、悪いニュースを報告すると、上司もイライラしているので、余計に衝突が起きてしまう可能性が。「報連相」は重要ですが、急ぎでない場合は、できるだけ水曜日を避けることをオススメします。

もし、すぐに報告する必要があるならば、前に紹介した**「PNP法」でネガティ**

ブ情報を緩和させるなど、戦略的に報告をしてみてください。

ちなみに、**謝罪をするときは、ゆっくりしたペースで、落ち着いた声のトーン**を意識してください。

人は相手の行動や態度に対して同じように反応するという心理学の法則があり、あなたが焦れば相手も焦り、あなたが落ち着いていれば相手も落ち着くようになります。

そして、謝罪するだけでは相手の不安は解消されないので、**「謝罪＋どう改善するか」をセットで伝える**ようにしてください。

もし、あなたの「どう改善するか」が適切であれば、相手はあなたの対応に感心して、好印象を持つようになるでしょう。つまり、ピンチをチャンスに変えることができるのです。

56

仕事ができる人が一発でわかる「お願いの仕方」

上司やクライアントに対して頼み事をするときに、相手の右側からお願いするときと、左側からお願いするときでは、**YESを引き出せる確率が2倍も違う**ことをご存じでしょうか。

イタリアのガブリエレ・ダヌンツィオ大学のダニエレ・マルゾリとルカ・トンマージが行なった研究をご紹介します。

調査員の女性がクラブの客に「タバコを1本くれない?」と聞いたときに、右側から話しかけた場合と、左側から話しかけた場合で、タバコをもらえる確率がどう変わるか実験を行ないました。

すると、**右側から話しかけた場合は、88人中34人**がタバコをくれて、**左側から**

話しかけた場合は88人中17人、性別による違いはありませんでした。右側から頼むことで、相手からYESを引き出せる確率が2倍も高まったのです。

これには理由があって、右耳から話しかけられると、人の脳は左半球側で優先的に処理します。**左脳は入ってきた情報をポジティブに捉える**ので、頼みに答えようという行動が起きやすかった可能性があります。

逆に、左耳から入った情報は、脳の右半球側で優先的に処理されます。**右脳は情報をネガティブに捉える**ので、断られやすくなった可能性があります。

また、人は心臓がある体の左側を守ろうとする本能があるので、左側から近づいて話をすると、相手に圧をかけるとも考えられます。

もし、誰かにお願い事をしたいときは、相手の右側からお願いするといいでしょう。

57

能力の低い人ほど、自分は「平均以上」と勘違いしている

仕事に自信がある人ほど、実は仕事ができない可能性があると言われたら、驚くでしょうか。

自分に自信がある人は仕事もバリバリできそうで、カッコよく見えますよね。でもそれは、**その人の頭のなかで『連合の法則』が起きているだけ**で、実際は逆に能力が低い可能性があります。

『**ダニング＝クルーガー効果**』というのをご存じでしょうか。これは、**能力の低い人が、自分を実際よりも高く評価してしまう**心理作用のことです。

コーネル大学のデイヴィッド・ダニングとジャスティン・クルーガーは、大学生

を対象に、論理的思考、ユーモアセンス、英文法のテストを受けてもらい、さらに、自分の各能力がどれくらいのランクに位置するか予想をしてもらいました。

たとえば、ユーモアセンスでは、大学生にジョークのユーモア評点をしてもらい、プロのコメディアンがつけた評点とズレが小さいほど高く評価されました。その結果、自分のユーモアセンスのランクを高く予測した人ほど、本当はユーモアセンスが低かったことがわかったのです。また、文法や論理的思考のテストにおいても、同様な結果になりました。つまり、**自信過剰な人ほど自分の能力を正しく評価できていない**、井の中の蛙《かわず》状態である可能性があります。

このタイプの人と出会ったときの注意点は、**決して相手に自分の能力を正当に評価させようとしないこと**です。そういう人に現実を突きつけると、普通の人よりも自尊心が高い可能性があるので、ショックが大きく感情的になってしまうかもしれません。

また、自分の能力が低いことがわかっていて、それを認めたくないがゆえに高く見積もっているのかもしれません。このような場合に能力が低いという現実を突きつけることは、相手を大きく傷つけることになるでしょう。

それよりも、相手と信頼関係を築くことを優先するなら、**相手が自信を持っていることを、非難せず認めることで、自尊心を満たしてあげる**と、強い信頼関係を築くことができ、あなたの評価も高まるでしょう。

58 煙たがられる人がやっている致命的なミス

もし、あなたに人の話を遮《さえぎ》る癖があるとしたら、あなたのコミュニケーションスキルは致命的に低いということです。もしかしたら、まわりの人から話すことを避けられているかもしれません。

あなたも話を遮られた経験があれば、そのときにイラッとしたことがあると思います。なぜそれが起こるかというと、会話は基本的にキャッチボー

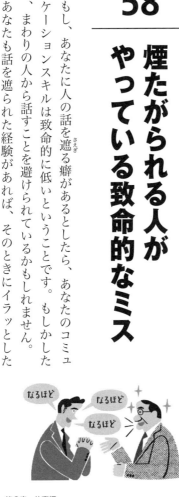

ルですが、**話を遮られると自分が持っていたはずのボールを無理やり奪われた感覚を抱くから**です。また、人は話を遮られると「話したい！」という感情を無理やり我慢させられます。その我慢が、ストレスの原因になることもあります。

したがって、相手の話を遮る癖がある人は、相手に気持ちよく話をさせるスキルがないということであり、もしそのコミュニケーションスキルで商品のセールスをしたら、商品の印象も最悪のものになるでしょう。

どうしても話を遮りたくなったら、相槌《あいづち》を打って気を紛らわせてください。

相手の話の合間に、「なるほど」「そうなんですね」と声に出して言うと、話したいという欲求を緩和させることができます。相槌を打つと、相手は自分の話を聞いてくれていると感じるので、安心感を覚えるでしょう。

また、相手の話を遮ることは、**クレーム対応において最もやってはいけない行為**です。クレーマーというのは、話すことで自分のなかから洪水のように溢れ出ている感情を吐き出そうとしています。その感情を吐き出し切らないと、冷静にさせることはできません。**まずは、クレーマーには感情を吐き出させましょう。**

新型コロナウイルスの影響で、Ｚｏｏｍなどを使ったリモート会議が多くなりましたが、その際にタイムラグが起きてしまって、意図せずに話を遮ってしまうことが増えてきたと思います。その経験の積み重ねで、相手の話を遮ることに慣れてしまうと、対面の会議でも平気で相手の話を遮るようになって、コミュニケーションが致命的にへたくそになってしまいます。そうならないように注意しましょう。

59

「コーヒーを飲みながら聞く話」には妙な説得力がある理由

一日に何杯もコーヒーを飲むという人もいると思いますが、実はコーヒーに含まれる**カフェインが説得力を高める**ということがわかっています。

科学者のパール・マーティンらは、カフェインによる説得力について実験を行ないました。

まず、参加者を2つのグループに分けて、一方のグループは普通のオレンジジュースを、もう一方のグループにはこっそりカフェインを入れたオレンジジュースを飲んでもらいました。

その後に、世間で話題の出来事に関する解説文を読んでもらい、同意するかを尋ねたところ、**カフェイン入りのジュースを飲んだグループのほうが、同意すると答えた人が35%も多かった**のです。

つまり、カフェインにはプレゼンやセールストーク、ある人への印象を好意的に受け止めさせる説得効果があることがわかりました。

また、**相手に飲ませるのなら、冷たいコーヒーよりも、温かいコーヒーがいい**でしょう。イェール大学で行なわれた実験で、温かいコーヒーを持っているときと、冷たいコーヒーを持っているときでは、目の前にいる人に対する印象が変わることがわかったからです。

被験者に、温かいコーヒーまたは冷たいコーヒーをしばらく持ってもらい、その後で複数の人の写真を見てもらったところ、**温かいコーヒーを持った後は、写真の人物に対して優しいなどのポジティブな印象を持ち、冷たいコーヒーを持った後は、写真の人物に対して冷たいなどのネガティブな印象を持つ**ことがわかりました。

ただ、温かいコーヒーを飲ませれば、どんな交渉も通用するのではありません。

パール・マーティンらは、もうひとつ実験を行なっています。それは、前回と同じように普通のジュースを飲んだ人と、こっそりカフェインを入れたジュースを飲んだ人に無作為に分けた後、今度は根拠の弱い解説文を読んでもらいました。

その場合、カフェインに説得力を強める効果はなかったそうです。つまり、**筋の通らないことにはカフェインの力も通用しない**ので、相手に温かいコーヒーを飲ませて、ちゃんと筋の通った説得をすれば、相手はその内容を好意的に受け止め、成功率を高めることができるということです。

60

リモートに「やりづらさ」を感じる人に欠けた重要な姿勢

最近は、Ｚｏｏｍを使ったリモート会議や商談の機会が増えてきたと思います。移動することなく、リモートでさまざまな人に会えることは、かなり便利ですが、ビジネスでの**交渉が対面からリモートに変わって成功率が急激に下がった人も多い**のではないでしょうか。

その原因として考えられるのが、『**雑談時間の低下**』です。

リモート会議のシステムは仕組み上、一人が発言すると全員が聞き役に回らなければならないので、気軽に雑談がしづらくなっています。

オンラインでの交渉では、お互いの個人的な情報を交換して自己開示を行なうこ

とがほとんどないため、交渉が不調に終わりやすい可能性が高いのです。

行動科学者ドン・ムーアらは、**事前に交渉の内容とは無関係な話題について会話をすることで、オンラインでの交渉の成功率低下が防げる**のではないかと仮説を立て、実験を行ないました。

その内容は、グループAでは単に交渉（Eメールで）だけを行ない、グループBでは交渉相手の写真や個人的な情報を提供して、交渉前にお互いを知り合う時間をとってから交渉（Eメールで）を行ないました。

その結果、グループAでは29％が合意に達することができませんでした。一方、グループBでは**わずか6％しか交渉は決裂しませんでした。**また、それぞれのグループの取引金額の合計は、グループBのほうが18％も高かったのです。

ご紹介した研究はEメールでの交渉を取り上げていますが、リモート会議での雑談が減ったことで、この研究結果と同じ状況になりつつあります。

リモートでの会議や商談は、全員が集まって必要な話だけをするという効率的・

業務的なものになりやすいですし、それを求められているような圧力も感じるかもしれません。それによって、雑談の機会が減ってきたのも事実でしょう。しかし、**雑談によってお互いの自己開示をすることは、交渉の成功率を高めるために不可欠な要素**です。もし、リモートでの交渉の成功率が低い人は、雑談の時間をつくるよう工夫してみてください。

61

一流のセールスマンが実践する「購買欲を圧倒的に高める」奥義

「試しに、この服を着てみませんか?」「試しに、このバッグを持ってみませんか?」という、**『試しに』を相手にさせるだけで、相手を買う気にさせることができる**ことをご存じでしょうか。

軽い気持ちで試したつもりでも、それが、あなたを無意識に操っているのです。

消費者研究を行なっている、ジョアン・ペックとスザンヌ・シューは、お客さんが商品を触ると、その商品の価値が高まることを発見しました。

実験では、半数の人には商品を手にとってもらい、残りの半数には触らないようにしてもらいました。その結果、**商品を触ってもらったグループのほうが、その商品に対する所有権や好感度が高まる**ことがわかりました。

この結果にしたがえば、アパレル店舗で服を試着してもらったり、家電量販店や文具店などで商品を試してもらうことは、相手の買いたい気持ちをグッと高めるのに効果的です。

ある百貨店で、包丁の実演販売をしている販売員を観察していると、「そこの奥さん、この包丁でちょっと切ってみてよ」と、相手に商品を触らせようとしていました。お客さんとの距離を近づけるためか、この法則を知っていたためなのかわかりませんが、気分よく買ってもらうために効果的な方法なのは確かです。

お客さんに商品を売るための戦略を立てるときは、どうすれば買ってもらえるかよりも、**まずはどうすれば試してもらえるかを考えて、その次に買ってもらう方法を考える**と、購入率を上げる戦略を立てることができます。

このように、人は何かに触れることで愛着を持ちますが、**誰かに触れられることでも相手に心を開く効果があります。**

サンフランシスコ大学のコリン・シルバーソーンの研究によると、サクラの男性が被験者の女性とボディタッチ（握手や腕を触る程度）をして会話をした場合と、ボディタッチをせずに会話をした場合で、女性が男性に対する身体的・性的魅力などをどう感じるかを検証しました。

その結果、**ボディタッチがあったほうが、女性は男性の魅力を高く評価した**ことがわかりました。

このように、自然な軽いボディタッチは推奨しますが、不自然なボディタッチは相手に不信感を抱かせるだけなので、絶対にやってはいけません。

62

上司の下す評価に不満を持つ人がしがちなNG行動

上司から気に入られたいのであれば、少しでもいいので受けたアドバイスを行動に反映させましょう。人は、**自分のアドバイスが聞き入れられたことがわかると、その人に対して高く評価します。**しかし、行動の変え方を間違えると、逆に評価が下がる可能性があります。これは、**『取り入り戦術』**と呼ばれていて、心理学者チャルディーニらが行なった実験によって明らかにされています。

実験では、参加者は仕掛け人を説得する人と、その場面を観察する人に分けられました。その後、仕掛け人は、説得によって自分の意見が変わったかどうかを実験

参加者（説得者と観察者）に口頭で伝えました。最後に、実験参加者（説得者と観察者）は、仕掛け人に対する好感度や知性に関する質問に答えました。

仕掛け人の意見が変わった場合、**説得者の仕掛け人に対する知性の評価が高まりましたが、観察者の仕掛け人に対する知性の評価は下がりました。**

逆に、仕掛け人の意見が変わらなかった場合、観察者の仕掛け人に対する知性の評価が高まりましたが、説得者からの評価は下がりました。

この結果をふまえると、上司からアドバイスを受けたときは、それに従って行動を変えてみると、上司からは「この人物は頭がいい」と、あなたのことを評価するでしょう。**たとえそのアドバイスが間違っていると思っても、まったく行動を変えないと、上司からのあなたの評価は下がってしまいます。**

逆に、上司のアドバイスに従って自分の行動をコロコロ変えていると、まわりの人からは「流されやすいやつだ」「ゴマをすってるな」と思われてしまいます。そうならないよう、誰にでもわかるかたちではなく、**上司にだけわかるように行動を変える**ことをオススメします。

63

説得力ある話ができる人は「話すスピード」を重視する

よく、「プレゼンをするときは、ゆっくり話すことが大切」と言われますが、それは本当でしょうか。

実は、**早口で話すと、あなたの話の説得力を高めるだけでなく、知的に見せたり、相手に信頼感を与えたりできます。**

ジョージア大学のステファン・M・スミスとデイビッド・R・シェーファーの行なった研究によると、早口で喋《しゃべ》ることで相手からの反論を抑制し、説得力を高めるといいます。

また、ミシガン大学の研究では、**1分間に約210語を話すと、かなり早く話す、**

またはかなりゆっくり話すよりも、相手に同意してもらえる可能性が高くなることがわかりました。英語で普通に話す速さが1分間に約120語なので、普通に話すよりある程度早めですね。

さらに、同じ研究において、**流暢《りゅうちょう》にスラスラ話すよりも、「間《ま》」を入れるほうが説得力が高まる**ことがわかりました。流暢に話しすぎるとマニュアル的な感じを相手が受けてしまうため、説得力が下がったのではないかと考えられています。

つまり、**普通に話すスピードの1・75倍のペースで、適度に間をつくりながら話す**ことで、あなたの説得力が高まります。

ただ、どんなときも早口で話せばいいというわけではありません。

相手がすでに納得していることを説明するときは、ゆっくり話して、相手に確認してもらう機会をつくるほうがいいということもわかっています。

相手が納得していないことに対しては早口で話し、相手がすでに納得や同意していることについてはゆっくり話すと、効果的に説得しやすいのです。

64

あっという間にお客をコロッとさせる甘言

ここから紹介するテクニックは、読者のみなさんだけの秘密にしてください。

ビジネスの現場で「結論を最初に持ってくるように」と言われたことは誰にでもあるはずです。これは、心理学的には『**アンチ・クライマックス法**』と呼ばれるものです。

アメリカのハロルド・スポンバーグが提唱したテクニックで、最後に強調したいことを持ってくることをクライマックス法といい、最初に強調したいことを持ってくることをアンチ・クライマックス法といいます。

ただ、このアンチ・クライマックス法の本質は、「最初に結論を言うこと」では

なく、**「最初に相手の興味をグッと引く（強調したい）ことを言う」**ことなんです。
たとえば、結論だけでなく、「ここだけの秘密にしてください」「本当は誰にも言えないんですが」などの、**希少性、限定感、特別感を演出する**ことで、相手の興味を引きつけてから話をすることもアンチ・クライマックス法といえます。

なぜ、アンチ・クライマックス法を使う必要があるかというと、セールストークや各種の契約など相手が乗り気でない話をするときに、最初に興味を引いておかないと、途中の説明を聞いてくれない可能性があるからです。

長くてめんどくさい保険契約の説明の後に、「……実はこれ、本日に限り無料で契約できるんです」と言われても、相手はそれを聞く前に興味を失ってしまうかもしれません。どんなに素晴らしいセールストークを用意していても、相手が興味を持ってくれないと、馬の耳に念仏になります。

逆に、**「実はこれ、本日に限り無料で契約できるんです」と切り出すと、相手は興味を持ってじっくり話を聞いてくれる**はずです。そうすると、その後のセールストークがしっかりしていれば、「なるほど、じゃあ、契約させてもらおうか」となるはずです。

このようにアンチ・クライマックス法は、相手に興味のない話をするときや、要点だけ欲しがる人に対して話すときに使うと効果的です。

この項の冒頭でも、実はアンチ・クライマックス法を使いました。きっと、どこに秘密が隠れているのかじっくり読んでくださったはずです。

逆に、**もともと自分の話に興味がある人に対して、アンチ・クライマックス法を使う必要はありません。**相手からすると強調が過剰すぎて、かえって興ざめしてしまうかもしれません。

最後に強調したいことを持ってくるクライマックス法も、十分効果的な話し方です。相手の興味の度合いや好みに合わせて、使い分けてみてください。

65 プレゼンの達人は「1・5秒」の沈黙で心をつかむ

一気に多くの人の注目を集めるテクニックが『**沈黙**』です。

たとえば、セミナーを受けているときに、内容に興味がなくて別のことをしていたり、逆にメモを取ることに必死で、講師よりも自分のことに集中していることがあると思います。そのとき**講師が急に黙ったら、あなたは「どうしたんだろう?」と顔を上げ、講師のほうを見てしまいませんか。**

もしかしたら、講師がスライドを替えようとして手こずっているのかもしれませんし、水を飲んだのかもしれません。しかし結果的に、講師はこういう自然な沈黙をつくることで、人の注目を集めることに成功したのです。

そして、**そのタイミングで注目してほしい話をする**ことで、全員にくまなく聞

かせることができます。

プレゼンやセールストークをスラスラと話してしまう人がいますが、注目してほしい話の前には、水を飲んだり、スライドを替えるなど自然な方法で沈黙をつくって、相手の注目を集めてから話すようにするといいでしょう。

たとえば、「弊社のツールを導入しないと、年間500万円損をします」という言葉も、スラスラ言うのではなく、「弊社のツールを導入しないと、年間**（間《ま》をおく）**500万円**（間をおく）**損をします」のほうが、相手の印象に残る言い方になります。

▼重要な言葉のための間

大阪大学名誉教授の中村敏枝の研究によると、相手に覚えておいてほしい重要な言葉を伝えるときは、**その言葉の前よりも、それを伝えた「後」に（約1・5秒程度）間を取る**と、相手に言葉の重要性が伝わったり、記憶に残りやすくなることがわかっています。

重要な言葉の前などに間をつくりたい場合は、1・1秒程度にしてください。

▼スピーチの始まりの間

スピーチの前は長めに間をあけたほうがいいでしょう。群集心理をうまく誘導したヒトラーの演説の映像を観ると、壇上に上がってすぐに話しはじめるのではなく、**約1分間じっと沈黙**を保って聴衆を見つめていました。こうすることで、人々が自分に注目するようになり、登壇者に対する期待を高める効果があります。

しかし、どんな場合でも1分沈黙を守れというわけではなく、参加者の注目が集まるまで間をつくればいいと思います。

▼質問を受けた後の間

質問を受けた後の間は、**できるだけ短いのが理想的**です。営業職やコンサルタントなど専門職の人は、クライアントから質問をされることが多いと思いますが、そのときは即答することで、自分の持つ知識や経験に対する相手の信頼度が高まります。

どうしても即答できない質問をされた場合は、相手の質問を繰り返すなど、考える時間を稼ぐといいでしょう。

このテクニックは、アメリカの第16代大統領エイブラハム・リンカーンも使っていました。彼は、**強調したいと思う言葉の前後に間をおく**ことで、伝えたい言葉を聞き手の心にしっかり染み込ませて、力強いものにしていました。ぜひ、沈黙のテクニックを使いこなして、人の注目を集められるようになってください。

66

頼み事が下手な人は「聞く気になれない話し方」を知らなすぎる

日本人は人にお願い事をするときに、「すみません」という言葉をよく使います。

たとえば、「すみません、先にこちらの仕事をしてくれませんか？」のように、誠意を表すために「すみません」を使いますが、

実はこれは、**お願い事を聞いてもらえる一押しにはなりづらい言葉**です。

しかし、あとひと言を加えるだけで、あなたのお願いは格段に聞いてもらいやすくなります。

心理学者エレン・ランガーらの実験によると、コピー機を使おうとしている人に向かって、「すみません、5枚だけ先にコピーさせてもらえませんか」と頼んだ場合、60％の人が順番を譲ってくれました。一方、「すみません、5枚だけ先にコピー機を使わせてもらえませんか、**とても急いでいるものですから」と、お願いの後に理由を付け足す**と、94％の人が順番を譲ってくれました。

つまり、人は納得できる理由があれば、快くお願いを聞いてくれやすくなるのです。

この心理を利用すれば、人にお願い事をするときは、「すみません」と誠意を見せるのはもちろんですが、「あと5分で会議がはじまるので」のような、**譲ってほしい理由をきちんと伝えることで、相手に聞いてもらいやすくなる**でしょう。

これは、仕事だけでなくプライベートでも使うことができます。好きな人をデートに誘うときや、子どもに勉強をさせたいときなど、お願いするだけ、指示を出すだけになっているなら、なぜそうするのかの理由も一緒に伝えるようにしてください。

67 心理的優位に立ち、「勝つべくして勝つ」交渉スキル

自分が商品を売り出そうとしているとき、こちらが金額を提示する前に、まず先方の予算感を聞きたくなると思います。「相手の予算感よりも高すぎると、断られるかもしれない」という不安があるからです。

それは自分が買い手の場合も同じで、こちらの予算感を出すと買い叩かれそうな

気がして、「まずは、金額を教えてください」と言いたくなるかもしれません。

しかし、**こちらから金額を提示しないと価格交渉の主導権を相手に渡すことになる**ので、これは間違った戦略です。

社会心理学者のアダム・ガリンスキーと、トーマス・マスワイラーが行なった実験によると、自分が買い手であれ売り手であれ、**最初に条件を提示すると、相手の出方をうかがった場合に比べて、良い結果**になりました。

実験では、工場の買収交渉という設定で模擬交渉が行なわれ、買い手側が最初に金額を提示した場合、売り手が最後に合意した売却金額は平均で約24億円。売り手側が最初に金額を提示した場合、買い手側が最終合意した売却金額は平均30億円でした。すべてにおいて、**最初に金額を提示したほうに好都合の金額で合意**されています。

また、賃金交渉の実験でも同様な結果が出たそうです。ですから、フリーランスの人が契約金額を交渉するときは、まず自分から金額を提示するほうがいいでしょう。

このような結果になる理由については、最初に金額を提示されると、**提示された側の心理がその数字にとらわれる**からだと考えられています。

本来であれば、お互いに売りたい金額と買いたい金額があるはずですが、先に金額を提示されてしまうと、それを基準に、最終的な合意金額へと調整してしまいます。

他にも、金額を提示された側は、その金額の根拠となる部分に意識が向いてしまいます。交渉中に「もしかしたら、この商品のこの部分が他よりも優れているのかもしれない」のように、高価な根拠を資料のなかや相手の特徴、会社のブランドなどから探すようになります。

こういう特徴を相手が見つけづらい場合は、**自ら教えてあげると、相手は納得して、提示した金額を基準に交渉を進める**方向に行くでしょう。

ただ、高すぎる額を提示すればいいというわけではなく、その商品や性能の常識に見合った金額にする必要があります。高すぎると、「ふっかけてきた！」と思われて、交渉は終わってしまいますから。

コラム

プレゼンを制する人は「顔と体」をフルに使っている

会話におけるジェスチャーの総数と、話のうまさには相関関係があることがわかっています。

日本人のプレゼンはジェスチャーが少なく、手元の資料を座ったまま読んだり、お行儀よくプレゼンする人が多数です。しかし、**ジェスチャーの多い話し方のほうが、流暢に話せている、活力がある、感情を込めている、表情から自信がうかがえるなど、ポジティブな印象を持ってもらえる**ことが、さまざまな研究でわかっています。

つまり、本当は、椅子から立ち上がって、ジェスチャーを加えながら話をするほうがいいのです。

これは、ＴＥＤ（世界中の著名人による講演会の運営組織）の映像を見ると、とても参考になるでしょう。

たとえば、次のようなジェスチャーはオススメです。

①手のひらを相手に見せる

話しているときに自然に手のひらを見せることで、相手に隠し事がないという印象を持たせることができます。また、**手のひらを上向きにすることも効果的**で、ニュースキャスターも多用しています。反対に、机の下に手を隠してはいけません。

②手を使ってイメージする

数字や大きさを表すとき、空間にイメージを描くときは、**大きく手を動かす**ようにしてください。

③背筋を伸ばす

背筋が曲がっていると、自信がないように見えるだけでなく、肺活量も少なくなるので、**声量が小さくなるなど声の印象が悪くなります。**

④視線を遠くに向ける

緊張すると、視線が手元や目の前の人に向きやすいですが、**視線の向いた場所＝意識の向いた場所になる**ので、近くにいる人だけでなく、遠くにいる人にも目線を向けるようにしてください。

人は自信がないと、うつむいたり、身体を縮こまらせたり、姿勢が悪くなるなど、空間を狭く使うようになります。

たとえば、手元の資料やパソコンを食い入るように見つめてプレゼンをしていると、意図しなくても相手に自信がないように映ってしまい、説得力が下がってしまいます。このような自信のない姿勢は**「ロー・パワーポーズ」**といいます。

反対に、自信のある人は、空間を広く使うようなオープンなジェスチャーを行ないます。たとえば、背筋を伸ばして、手を大きく広げるようなジェスチャーです。

これらは、**「ハイ・パワーポーズ」**と呼ばれています。

そのポーズを自らすることで、血中のテストステロンレベルが上がり、前向きになったり、挑戦的な行動を取る勇気を持てるようになります。さらに、コルチゾールレベルが下がるので、不安や緊張が少なくなります。

つまり、ハイ・パワーポーズを取ることで、自信を持って自分の考えを主張できるようになり、ストレスが軽減されて、困難に直面しても乗り越える行動力が湧いてきます。

このハイ・パワーポーズは、**プレゼンや面談中だけでなく、その直前に行なうだけでも、効果があります。**

ハーバード・ビジネス・スクールのエイミー・カディらの実験によると、面接の前に2分間、ハイ・パワーポーズ（直立して腰に腕をあてるなど）をするだけで、言葉によらない自己表現がうまくなり、面接全体のパフォーマンスが高まることがわかりました。

この自信を高めるジェスチャーが効果を発揮しているかを確認する方法も紹介し

ましょう。

それが、**「身長を言う」**ことです。人は、自信がある人を前にすると、実際よりもその人の身長が高く見えてしまいます。あなたが自分の身長を伝えたときに、「あれ？　もっと高いかと思ってました」のように言われたら、あなたのジェスチャーが効果を発揮できている証拠です。

オーラがある人は、実際よりも大きく見えますが、それは自信にあふれているからなのかもしれません。

第3章 デジタルコミュニケーション編

――「画面越し」の悪印象を激減させよう！

68 人は「しくじり・挫折・欠点」の告白に共感する

弱い立場や、不利な状況にいるにもかかわらず一生懸命に努力する人を見て、損得勘定抜きで「応援したい！」「守ってあげたい！」と思ったことはありませんか。

これは、**『アンダードッグ効果』**といい、**形勢が不利に見える人に同情して、つい手を貸してあげたくなってしまう**心理作用です。「負け犬効果」「判官《はんがん》びいき効果」とも呼ばれており、人間だけでなく、動物やアニメのキャラクターなど、人が共感できる対象であれば機能します。

失敗している姿や弱いところを人に見せるのは恥ずかしいことだと思っている人は多いですが、実は、そういう**弱みを見せるからこそ、まわりの人も応援したい**

と思って手を差し伸べてくれます。

たとえば、投票制のランキングに参加しているとき、

「3位になりました！　もっと上位に行けるようにがんばります！　応援よろしくお願いします」

というふうに、「すごさ」をアピールしてしまいがちですが、それよりも、

「1位の方に追いつける自信は全然ありませんが、ひとつでもランキングが上がるように最後までがんばります！　応援お願いします」

という「弱さ」を見せるほうが、アンダードッグ効果によって応援を集めることができます。

このような心理効果を企業が見逃すはずはありません。企業のツイッターアカウントでも、「ゆるい企業SNS」と呼ばれているものがあり、**企業やブランドの看板を感じさせないカジュアルな投稿（「助けてください」「しんどい」など）をして、バズっている例があります。**

もちろん恋愛においてもその効果を発揮します。

たとえば、日頃から人の相談に乗ったり頼られたりしている人が、特定の1人にだけ「本当は不安なんだよね」「今日は、相談に乗ってもらっていい？」のように弱い面を見せると、相手はその弱さにドキッとしてしまいます。

仕事においても、**新入社員ほどアンダードッグ効果を活かすことができます。**

仕事の質は十分ではなくても、一生懸命にがんばっている姿を見ればまわりは応援したくなります。これは職場だけでなく、営業やコンペにおいても効果的です。

人の共感や応援を集めたい場合は、「成功」や「強さ」だけでなく、「弱さ」も積極的に出してください。

ただし、**いつも自分の弱さを見せようとすると、相手から「こいつはかまってちゃんか？」と思われかねません。**基本姿勢は「がんばっているけど、うまくいかない」でいながら、ときどき、応援のおかげでうまくいったということをアピールしましょう。

69

SNS上で「信用されない人」が軽視している古典的心理術

リアルの場において「第一印象が重要」と言いますが、それは、SNSにおいても同様で、最初にどう知ってもらうかで、その後の行動や発言に対する扱われ方が変わっていきます。

これは、『**初頭効果**』と呼ばれる心理作用で、**最初に得た情報によって印象が形成され、その後に与えられた情報にも影響を及ぼす**というものです。

たとえば、あなたはどちらに好感を持つでしょうか。

①「Aさんは知的で努力家だけど、衝動的で頑固」
②「Aさんは衝動的で頑固だけど、知的で努力家」

おそらく、①を選んだ人が多いはずです。

人は、**最初にポジティブな情報が与えられると、その後のネガティブな情報も肯定的に解釈してしまいます。**一度その人の印象がつくられると、その後の行動や発言を、最初の印象に基づいて補正してしまうのです。

つまり、最初の印象を書き換えるには、かなりの時間と努力が必要になります。

ですから、SNSのプロフィール欄は、読む人が共感したり、自身を権威づけできるような内容にするとよいでしょう。

たとえば、共感だと「ドラえもんが好き」「カレーが好き」「理不尽が嫌い」「お金儲けが嫌い」など、**あなたの好き・嫌いを表明すると、それに共感してくれた人がフォローしやすくなります。**

権威づけであれば、学歴や持っている資格、読んだ本の数など、自分が自慢できることを書いてみてください。

アイコンの写真も、芸能人や著名人とのツーショット写真、有名な観光地、高級なお店やホテルでの自撮り写真などにしておくと、「何かすごい人なのかもしれない」と思われ、権威づけすることができます。あざとい行動かもしれませんが、実は意外と効果があるのです。

これは、ビジネスの場で相手に商品の情報を伝えるときや、プライベートで誰かを紹介するときにも活用できます。

また、Ｚｏｏｍなどを使ったウェブ商談では、相手の信頼を得るために、商品の良い面と悪い面の両方を伝えることで関係を深めることができます。そういうときは、**良い情報→悪い情報という順に出すと、最初に提出した良い情報によって印象をつくることができます。**

逆に、競合相手のイメージを下げたい場合、悪い情報だけ伝えると取引先からの信頼を失ってしまう可能性があるので、**悪い情報→良い情報の順に両方提示することで、情報の公平性を担保しつつも競合相手のイメージを下げることができます。**

情報を提示する順番によって、相手の無意識の印象を変えることができる、ライトサイドにもダークサイドにもなり得るテクニックです。

70

自虐ネタを発信するほど攻撃的な人が増えていく必然

自分に自信がないからといって、SNSで自虐《じぎゃく》的な投稿はするべきではありません。**自虐的な投稿をすると、まわりの人はあなたを雑に扱う**ようになり、あなたは何かを投稿するたびに精神的なダメージを受けるようになるでしょう。

これは、『**割れ窓理論**』といわれています。アメリカの犯罪学者ジョージ・ケリングが提唱したもので、1枚の割れた窓ガラスを放置しておくと、「ここの窓は割ってもいいんだ」と思われて、他の窓も割られるようになってしまい、建物周辺から街の治安も悪化していくというものです。

小さな秩序の乱れを放置しておくと、全体の秩序が乱れるようになるというものので、逆に、小さな秩序の乱れを正すことで、大きな秩序の乱れを防ぐことができます。ニューヨークではこの理論を実践して割れ窓や落書きをなくすことで、犯罪率を大幅に減少させることに成功しました。

これは犯罪だけの話ではなく、SNSで小さな自虐ネタを使うと、「この人は、そういうふうに扱ってもいい人なんだ」と思われて、**最初は些細《ささい》なことだったとしても、やがて人数が増え、扱われ方もひどくなっていきます。**

また、SNSに投稿した内容に批判が集まってきたら、すぐにアカウントを閉鎖するか、投稿を消すなどの対応をしたほうがいいでしょう。そこに批判的なコメントが集まること自体が、割れ窓理論を引き起こす可能性があります。

同じことは、リアルの場においてもいえます。「自分に自信がないから」などの理由で、自分を大切に扱わないと、まわりの人も、あなたのことを雑に扱うようになっていきます。

71

ガムシャラに努力するより心に響きまくる宣伝テクニック

「お店の料理の写真を撮って感想をSNSにアップすれば、500円割引」というキャンペーンを行なっている飲食店をよく見かけます。これは、心理学的には効果的ですが、注意点があります。

このキャンペーンは、**『ウィンザー効果』**を期待していると考えられます。

ウィンザー効果とは、**ある情報を直接本人から与えられるよりも、第三者を通して与えられるほうが信憑《しんぴょう》性が増す**というものです。

この効果の鍵《かぎ》は、情報源との「利害関係」にあります。

たとえば、行ったことのないイタリアンの店が「うちのパスタは日本一美味《おい》しいです！」と宣伝していても、その情報と発信者の間に「お客さんを集めたい」という利害関係があるので、ウィンザー効果は発揮されません。

しかし、その店と利害関係のない、あなたの友人が「あそこのパスタは日本一美味しい」と言えば、ウィンザー効果が発揮されます。

この場合、利害関係があることがバレると効果がなくなるので、キャンペーンを行なっていることは**大々的に宣伝するのではなく、店舗に来た人だけがわかるようにしたほうがいい**でしょう。

このテクニックは人間関係にも活用できます。自分が好きな人に対して、第三者を通じて**「○○（あなた）さんが、あなたのこと可愛いって言ってたよ」**と伝えてもらったり、職場で上司に**「同期の○○（あなた）が××部長のことを尊敬しているって言ってました」**と伝えてもらうなど、誰かを通して相手に情報を伝えることで、その情報の信憑性が高まり、相手の好感を得ることができます。

72
たった2文字変えるだけで、相手を否定しない話し方になる

日本人は、相手の意見を否定するのがへたくそです。

SNSで相手の意見を否定している投稿を見ると、明らかに相手を傷つけており、それによって無駄な争いを引き起こしています。

もしかしたら、仕事上のクライアントとのメールのやりとりでも、**相手の意見を否定することで傷つけてしまい、信頼関係を崩すケースがあるかもしれません。**

メールやSNSでのやりとりは相手の顔が見えないので、自分の言葉に対して相手がどう思ったかを読み取るのが難しい。そのぶん、相手の意見を否定するときには注意が必要です。

私がある人の意見を否定するときには、相手を傷つけないようにするために、『**イエスアンド（Yes, And）法**』を使うようにしています。

これは、相手の意見を否定して自分の意見を通したいときに、すぐに意見を否定するのではなく、**まず相手の意見を肯定したうえで自分の意見を出し、自分の意見を聞いてもらいやすくする**心理テクニックです。

相手の心理的には、「相手に肯定してもらったから、こちらも肯定しよう」という『返報性の法則』を応用した技術です。

似たような技術で、『**イエスバット（Yes, But）法**』というものがあります。

これは、相手の意見を否定したいときに、まず一度肯定（Ｙｅｓ）してから、相手の意見を否定する意見（Ｂｕｔ）を言うことで、相手が意見を否定されたときの反発を軽減させるテクニックです。

「イエスバット法」は多くの心理学の本で紹介されるテクニックですが、これは最初に肯定しつつも、最終的には相手の意見を否定してしまっているので、自分の意見を否定された相手の自尊心が傷つけられてしまいます。**こちらの意見に否定的に**

なる「負の返報性」が働く可能性があるので、個人的にあまりオススメできません。

2つの手法には、次のような違いがあります。

▼イエスバット法

顧客「この商品、ちょっと高くない?」

自分「そうなんです(Yes)。**でも(But)**他社の製品よりも機能がかなり充実していますよ」

顧客「でもね〜……」

▼イエスアンド法

顧客「この商品、ちょっと高くない?」

自分「そうなんです(Yes)。**実は(And)**他社よりも機能がかなり充実しているからなんです」

顧客「どういう機能が?」

イエスバット法は最初に相手のことを肯定しますが、結局は否定してしまうので、相手は自分の意見が否定されたと思い、反発してくる可能性が高いです。また、**「でも」という言葉を使うと、相手からも「でも」という言葉が返ってくる**ことが多いので話が進まなくなってしまいます。

それに対して、イエスアンド法は相手の意見を肯定しつつ、より良いものにしようとしている姿勢を示すので、相手からの反発も少ないでしょう。話を停滞させずに、展開させていくことができます。

「And」の例としては他にも、**「あとは・さらに・念のため・ついでに」**などが考えられます。

相手の意見に反対するときは、真正面から「いえ、しかし……」と否定して無駄な衝突や損失を起こすのではなく、相手の心もケアするイエスアンド法で否定することをオススメします。

73

「偽情報」それでもつい飛びついてしまう恐怖の正体

ユーチューブやツイッターなどを運用していると、「フォロワーを買う」ということを考えたことがある人がいると思います。果たして、フォロワーを買うことには意味があるのでしょうか。それについては、**『バンドワゴン効果』**によって短期的には効果があるといえます。

バンドワゴン効果とは、「みんながやっているから」「行列ができているから」など、**多くの人に支持されていることで、さらに多くの人の支持を集めるようになる**心理効果です。

この心理作用は、社会心理学者のソロモン・アッシュが行なった「アッシュの同調実験」で有名です。

実験では8人の参加者に対して、3本の長さの違う線の書かれた紙が提示されて、別の紙に書かれた線と同じ長さのものがどれかを答えさせられます。そして、同じようなテストを複数回行ないました。

簡単な問題ですが、実は、実験参加者8人のうち7人がサクラで、サクラ全員が間違った選択をしたときに、本当の被験者である1人が、どのような選択をするかを検証しました。

その結果、**サクラが正解を間違えたときは、被験者も間違った選択をしてしまうこと**がわかりました。人は集団のなかにいると、大多数の選択に流されてしまうのです。

この心理によれば、フォロワーを買うことで、多くの人から支持されているように見せて、リアルのフォロワーを増やせる可能性はあります。

しかし、前述のとおりその効果は短期的です。フォロワーを買ったものの、その先の戦略がないと、登録者数のわりに再生回数が少ない、コメント数が少ない、外国人アカウントのフォロー数が異常に多い、増え方が急すぎるなどの不整合が生まれてくるので、見る側に不信感が生まれます。**第一印象は変えづらいため、一度生まれた不信感をずっと引きずることになるでしょう。**

実際にフォロワーが偽物だと気づかれて社会的信頼を失ってしまった人もいますし、かなり緻密《ちみつ》な戦略を持たないのであれば、ブランディングのためにもフォロワーは買わないほうがいいでしょう。

ちなみに、バンドワゴン効果を利用すると、店頭でのセールストークでも、お客様が商品を手に取ったときに**「みなさん、それを気に入られるんです」**というひと言や、どれを選べばいいか悩んでいる人に**「こちらをお買いになる方が多いです」**という言葉をかけることで、購入への後押しになります。

74

「みんなそう思ってる」と信じる人に共通する本質的なクセ

「みんなそう思っているよ！」「普通はそうでしょ」という言葉をSNS上でよく見かけます。日本人は「みんな」という言葉に弱いので、この言葉が与える説得力はかなり強力です。したがって、**人を説得するときに「みんなそうだよ」という言葉を使うと、確かに効果的**でしょう。

しかし、本当にみんなが思っているのでしょうか。「みんなは」「普通は」という言葉を多用する人は、**『フォールスコンセンサス』**に陥っている可能性があります。

フォールスコンセンサスとは、**自分の意見が多数派で正しいものだと思い込んでしまう**心理作用です。

1970年代にスタンフォード大学の社会心理学者リー・ロスが行なった実験で、学生に対してサンドイッチマン（体の前と後ろに宣伝用の看板をつけた人）の格好をしてほしいとお願いして、次に「他の学生にも同じお願いをしたら承諾してくれるだろうか？」と質問しました。

その結果、最初の質問（サンドイッチマンの格好をしてほしい）に承諾した人は、次の質問（他の学生も承諾してくれるか？）にも、「はい」と答える人が多く、最初の質問を拒否した人は、次の質問には「いいえ」と答える人が多いことがわかりました。

つまり、**自分と同じ選択を、他の人もするはずだという心理作用が働いている**のです。

日常の会話で、「みんな○○でしょ」「普通○○でしょ」というのも、本当にみんながそうだというわけではなく、フォールスコンセンサスが働いているだけのことがほとんどです。その言葉を信用する必要はありません。

他にもフォールスコンセンサスが働いている可能性が高い口癖としては、**「昔か**

らの決まりだから」「〇〇に決まってるよ」「常識的・一般的に考えて」「男（女）だったらみんなそうでしょ」**などがあります。

75

結局、「富と名声」を自慢する人が最強である理由

人の心を動かす言葉というのは、「何を言うか？」よりも、「誰が言うか？」のほうが重要です。

高額な年収、輝かしい経歴、誰もが憧れる肩書き、高級な車、ブランドの服、専門的知識、ＳＮＳの多くのフォロワーなど、権威性を感じる人の言葉を無意識に信じてしまう『**権威の効果**』というものがあります。

これは、**地位や肩書きなど、見た人が権威を感じる特徴によって、その人の発**

言に対する評価が高くなったり、簡単に従ってしまう心理作用のことです。

たとえば、一般の人が「心理学は営業力を高めます。勉強しましょう！」と言うよりも、年収1億円の人が「心理学は営業力を高めます。勉強しましょう！」と言うほうが説得力が高いはずです。

「そりゃそうだろ」と思った人は、逆に完全に『権威の効果』の術中にハマっています。ここでのポイントは、あなたはきっと、年収1億円の人が心理学を使っている、と思い込んでしまっていることです。

私は年収1億円の人が心理学を使っているとは言っていないのですが、あなたは頭のなかで、そのような前提をつくってしまっているわけです。

権威の効果は、あなたの無意識に作用して、言葉の説得力を高めます。

このテクニックを使って、あなたの発言に対する説得力を高めたいのであれば、「同期最速で部長職に」「東京大学卒業」「医学博士」など**あなたが自慢できること**

をプロフィール欄にしっかり書いたほうがいいでしょう。

「年収○千万円」「TOEIC990点（満点）」「IQ150」などの数字が書けるなら、しっかりアピールしましょう。日本人は控え目な性格な人が多いので、少し盛りすぎかなというくらいがちょうどいいのです。

また、人によって権威を感じるポイントはさまざまなので、**ターゲットに合わせた権威を記載する**ことをオススメします。

たとえば、心理学に興味を持つ人をターゲットにしているならば、心理学に関する資格を持っていることを書くといいでしょう。国家資格のような信頼度の高い資格が理想ですが、お金を払って講座と試験を受けるだけで取得できる民間企業が認定する資格もあるので、それを取得してプロフィールに書くと他の人よりも権威を高めることができます。

もし、ターゲットが明確ではない場合は、幅広く影響力のある「お金、交友関係、実績」が効果的です。

もちろん、嘘を書くのは絶対にダメです。影響力が欲しくて、SNSで盛りすぎて虚偽のプロフィールを書いている人がいますが、いつかはボロが出てしまいますからね。

76
最終的にほとんどの要求を受け入れてもらう心理誘導

相手にお願いを聞いてほしいなら、「一生のお願いだから!」と1つだけお願いするのではなく、**戦略的にお願いを「重ねる」ことで、相手から「YES」を引き出しやすくなります。**

その戦略的なテクニックが『**フット・イン・ザ・ドア**』と『**ドア・イン・ザ・フェイス**』です。

『フット・イン・ザ・ドア』とは、**相手が承諾しやすい小さい要求を通して、段階的に要求を大きくしていき、最終的に自分が承諾を取りたい一番大きな要求を通す**というテクニックです。

社会心理学者のジョナサン・フリードマンらは、一般の人々の住宅を訪問して、下手くそな字で「安全運転をしよう」と書かれた大きな看板を家の庭に置かせてほしいとお願いして回りました。その結果、（当たり前ですが）17％の人しか承諾してくれませんでした。

しかし、あるグループでは76％が承諾しました。そのグループは、実験の2週間前に「安全運転するドライバーになろう」と書かれた小さなステッカーを車の窓に貼ってほしいという小さなお願いに承諾した人たちでした。

つまり、関連する小さなお願いに承諾してもらうことで、その後の、大きなお願いにも承諾してくれやすくなるのです。

この心理作用を使って、たとえば、**メルマガやLINEの登録を促した後に、セミナーへの勧誘をする**など、段階的に相手の「YES」を積み重ねることで、最終的に大きな依頼に「YES」を得ることができます。

それに対して、『ドア・イン・ザ・フェイス』とは、**最初に非現実的な大きい要求を出し、相手がそれを断ったら、自分が本来承諾を得たい要求を出す**というものです。

たとえば仕事の商談メールで、少し高めの見積もりを提示して、相手が微妙な反応を見せたら、「じゃあ、これくらいならどうですか？」と本命の要求を提示するのもいいですが、**「上司を説得して、なんとかここまで下げてもらいました」と相手に恩を売れば、相手も社内の調整をがんばってくれる**でしょう。

これは、「譲歩させてしまった。申し訳ない」という感情を相手に抱かせる必要があるので、相手と信頼関係を構築する必要があります。

どうでもいい関係であれば、相手のなかに「申し訳ない」という気持ちが起こらないので、そもそもテクニックを成立させることができません。

77

あなたの魅力が爆上がりする「メールを送らない勇気」

相手をあなたに夢中にさせたいのであれば、**「デレツン」**でメールをしましょう。

「ツンデレ」とは逆に、相手と連絡先を交換して間もないときは、すぐにメールを返したり、自分からメールを送るなど、積極的に相手とやりとりをします。これが、「デレ」の部分です。

そして、1、2週間くらいしたら、メールを自分から送る回数を減らしたり、相手からのメールに対し1、2日経ってから返信するようにしてみてください。自分からは送らないようにしてもいいでしょう。

これによって、**もし相手から「どうしたの？」「今、何してるの？」のようにメー**

ルが積極的に送られてくるようになったら、あなたのデレツンメール戦略は成功していることということ。相手はあなたに夢中になっているに違いありません。

このテクニックは、『**間歇《かんけつ》強化**』という心理作用に基づいた戦略です。

『間歇強化』とは、**毎回必ず報酬がもらえるよりも、報酬が与えられるときと、与えられないときがランダムにあるほうが、行動が積極的になったり、長続きするる**というものです。

行動分析学の創始者であるバラス・スキナーは、レバーを押すと餌《えさ》が出てくる箱にマウスを入れて、ある実験を行ないました。

箱Aは、レバーを押すと必ず餌が出てきて、箱Bはレバーを押すとランダムに餌が出てくるという仕組みになっていました。

レバーを押すと餌が出てくることを何度もマウスに体験させ、学習させた後、急に餌を出すのを止めました。すると、箱Aのマウスはレバーを押すのをすぐに止めましたが、箱Bのマウスをいつまでもレバーを押し続けました。

このことから、必ず報酬が与えられるよりも、ランダムに報酬が与えられるほうが、人においても行動を促進したり、継続させる効果があることがわかっています。競馬やパチンコ、宝くじのようなギャンブルにハマってしまうのも、この心理作用が影響しています。**必ず当たるよりも、ときどき当たるからこそ、人はギャンブルに依存していく**のです。

78

オンラインで「信頼される人」の巧妙すぎる手口

健康のために禁煙しようと決めた人が、仕事のストレスでタバコを吸ってしまったとき、考えと行動の矛盾によって生じる「認知的不協和」を解消するために、「でも、タバコを吸っていて長生きする人もいるし」、「仕事のストレスを抱えているほうが健康に

悪い」など、タバコを吸うことを正当化しようとします。

これは、**『認知的不協和の解消』**といわれるもので、**自分の考えと行動に矛盾があるときに感じる不快感を解消するために、自分の考えを変えることによって行動を正当化しようとする**のです。


これを応用すると、信頼する人にしか取らない行動を相手に取らせることで、「この人のことは好きじゃなかったのに、自分がこうするということは、この人を信頼しているからなのか？」と思わせることができます。

そのための方法としてオススメなのが、「悩みを聞いてあげる」ことです。

好きな人がＳＮＳで、落ち込んでいるという投稿をしていたら、誰かに聞いてほしいサインです。**そういうときはすぐに、「もしかして、何かあった？」と、メッセージを送ってください。**そこで、相手から悩みを引き出すことができれば、一気に強い信頼関係を築くことができます。

相手は悩みを打ち明けることで、**「この人と悩みを共有するということは、この人を信頼しているからだ」と、自分の行動に理由づけをするようになる**からです。

ある程度相談を聞いて信頼関係が築けた後に、「よければ、今度飲みに行かない？」と誘うと、悩みを聞いてもらったという恩による**『返報性の法則』**も働いて、応じてもらいやすくなるでしょう。このテクニックは、最初は相手に嫌われていたとしても、うまく秘密を引き出して、相手と親密になるほど効果があります。

79 手に入りにくいものはいいものだ、と思わせたら勝ち

「限定配信・公開」「削除覚悟」「会員限定」「先着○名まで」などと書かれたＳＮＳの投稿を見て、つい興味を持ってしまったことがある人は多いはずです。

人は、希少性のあるコンテンツに、通常よりも高い価値を感じ

ます。これは『希少性の原理』と言われるもので、**人は数や期間に限りがあるものの価値を高く評価してしまいます。**

このようなことが起きるメカニズムとして、**人は希少性のあるものを見ると、それを失ったときのことを考えてしまい、それが強い刺激となる**ということがあります。

この手法が特にうまく使われているユーチューブ広告で感心したのは、「1度スキップすると、2度と配信されません」と書かれた広告です。まさに、「もう見られないかもしれない」という、それを失ったときの不安を煽《あお》って最後まで見るように仕向けています。

セミナーの宣伝であれば、**「100名の方が参加します！」よりも、「残り5席です！」のほうが、参加を考えている人の後押しになる**でしょう。

他にも、SNSで宣伝した商品やイベントの投稿に、「いいね」や拡散をしてくれた人のなかには、購入（参加）しようか迷っている人もいるはずです。そういう人たちに「残り○個になりました。いかがでしょうか？」という趣旨のメールを送ってみると、買う（参加）ことを後押しできます。

これは、商品の宣伝に限ったテクニックではなく、「時間」の価値を高める効果もあります。たとえば、好きな人と飲みにいく約束をするときに、**「最近、仕事が忙しいんだけど、この日は予定を空けてあるから！」**と強調するのも、その日を特別な日だと相手に思わせることができるので、オススメのテクニックです。

80

禁止されているものほど、狂おしいほど魅力的

「本気で痩せたい人以外、クリックしないでください」といったウェブ広告を見たことはありませんか。「本気でお金儲けしたい人〜」「本気で成功したい人〜」など対象はさまざまですが、これは、**『カリギュラ効果』**を活用した宣伝手法です。

『カリギュラ』は、アメリカ・イタリア合作映画のタイトルで、内容が過激すぎて、アメリカの一部の地域で公開が禁止されました。その結果、逆により多くの人の関心を集めることになったのです。

これは、**人は選択の自由を失うと、それに反発して自由を取り戻したくなる『心理的リアクタンス』**による心理作用です。広告でクリックすることを禁止されると、余計にそれをやりたくなるのはそのためです。

ネット上で商品を売りたい人は、その商品に反応してほしいターゲットを設定して、**「○○（ターゲット）な人以外は買わないでください」という文章をつくる**ところからはじめてみるといいでしょう。

ターゲットの人に向けた「○○な人は買ってください」という呼びかけは、何かを禁止されているわけではなく、反発する要素がないため、心理的リアクタンスが働きません。**「クリックしてもいい人」「クリックしてはいけない人」を、こちらから限定／禁止してください。**

スマホゲームの「モンスターストライク（モンスト）」でも、「10月はモンスト絶対やるなよ！」という、キャンペーンをしていましたが、これなどはまさに、カリギュラ効果です。「やるなよ」と書いていながら、10月中にプレイした人に商品が当たるキャンペーンでしたから。

81 ネガティブ思考が襲ってきたときの効果的な脱出法

人は環境に合わせて変化するカメレオンのような特性を持っています。

『**カメレオン効果**』というものがあります。**集団のなかで人間関係を円滑にするために、一緒にいる相手のしぐさや言葉遣いを無意識にマネしてしまう**心理作用です。

自分の口癖やしぐさなどが変わると、心にも影響を与えます。そして、影響を受け続けることで、その場限りではなく人格にも影響を与え、日頃の行動や発言が変化する可能性があります。

これは、あなたが普段接するＳＮＳの言葉でも同じことが言える、と私は考えています。

たとえば、あなたが攻撃的な言動をとる人のアカウントをフォローしていて、その言葉に頻繁に触れていたら、**あなた自身も同じような言葉を使うようになり、ついには普段から他人に対して攻撃的になる**可能性があります。この変化が、自分も気づかないうちに無意識に起こるのです。

確かに、誰かを攻撃する人の投稿を見るのは、端から見ているとスカッとするかもしれませんが、決して、あなたにとっていい影響は与えないでしょう。

したがって、普段からＳＮＳで接する言葉には、注意を払ったほうがいいですね。反対の意味で、あなたが理想とする人物がいるなら、そのアカウントをぜひフォローしてください。

職場や友人関係もまた、同様です。もし、**あなたが性格的に歪んだ人やネガティブな人と一緒にいる時間が長いと、あなた自身も、その人に似た人間になってしまう**可能性があるので、距離をおいたほうがいいでしょう。

自分を変えたいなら、習慣を変えるよりも、普段接する人や言葉など、環境を変えるほうが効率的で効果的です。

そもそもこのテクニックは、集団のマネをすることで、集団内の人間関係を円滑にするというものなので、仕事で転職や配属の変更があって、新しい集団に属したときは、できるだけ早く、その集団で使われている言葉やしぐさ、習慣をマネするようにすれば、早い段階で受け入れられて、いい人間関係が築けるということでもあります。

82

不幸自慢がどうしてもやめられない人が知らない過酷な真実

SNSで、「やばい、職場がブラックすぎて今日も残業だわwww土日出勤も確定www」のような自虐ネタを投稿して不幸自慢をする人がいますが、**SNSでは絶対に不幸自慢をしないようにしてください。**

それは、あなたをさらに不幸にする可能性があります。

アドラー心理学によると、不幸自慢は、**「うまくいかないことをまわりのせいにして、自分を正当化しようとする行為である。自分を正当化するために、不幸を欲している状態」**であるといわれます。

確かに、不幸自慢は話のネタとしては面白いですし、ウケれば自分の承認欲求（存在価値）が満たされます。また、自分が不幸であることをアピールすると、まわりの人から同情されたり優しくしてもらえます。その状態に依存してしまって、不幸であり続けようとする人もいます。

しかし、不幸自慢が習慣化すると、不幸であり続けようとして、そこから抜け出せなくなります。**今のまま不幸でいるほうが、満たされている感覚がある**からです。

そうすると、不幸を脱出するために、成長することも、問題を解決しようという気も起きなくなってしまいます。

そうならないためにも、不幸自慢をして満たされるということに依存しないよう、不幸自慢は絶対にしないようにしてください。

もし不幸自慢をしてしまいそうになったら、共感を得るためにどう面白く投稿するかを考えるのではなく、不幸でいることから脱出する方法を考えたり、誰かの協力を得るようにしてください。

どうしてもＳＮＳ上で承認欲求を満たしたい場合は、自己承認欲を満たすといいでしょう。

承認欲求には2種類あって、**ＳＮＳ上で他の人から「いいね」などをもらうことで、他人に満たされる他者承認と、自分で自分を認めることで得られる自己承認**があります。

後者の自己承認は、**その日に自分が達成したことを投稿し、自分で自分を褒める**という方法で行ないます。

たとえば、「今日は朝まで徹夜。ブラック企業バンザイ」ではなく、「今日は朝までがんばった！」というふうな投稿をしましょう。そうすると、他者に承認されなくても、自分で自分のことを承認できるようになります。

83

残念なリーダーがわかってない「優しさ」の効用

「あのとき、こうやって助けてくれたよね。ありがとう」という言葉は、相手をさらに優しい人に成長させることができます。

もし、仕事のチームメンバーが参加しているメーリングリストがあるなら、チームリーダーは**感謝を伝え合う習慣**をつくってみてください。そうすることで、メンバー同士の助け合いを増やすことができます。

人は誰かを助けた過去を思い出したり、誰かが人助けをしているところを想像することで、より人助けをしようという気持ちになります。

ボストン大学のブレンダ・ガエザーらの研究によると、人は誰かを助けた過去の

出来事を思い出すことによって、向社会的行動（他人を助けることや他人に対して積極的な態度を示す行動）が増えるということを発見しました。これは、『**エピソード的シミュレーション**』による効果だと考えられていて、その人が誰かを助けた記憶が鮮明であるほど、効果が高いとされています。

それにしたがえば、チーム内で感謝を伝え合って、その人がどのように人を助けたかをより具体的に伝えることで、チーム内での助け合いが活発になります。

といっても、毎日それをするのは習慣として続かない可能性があるので、たとえば**週末に感謝を伝える「ありがとうメール」を、メーリングリストで送る**ようにしてみたらいかがでしょう。

また、**人に優しい行動をしている他者を想像することでも、助け合いの効果がある**という研究もあるため、感謝をその人だけに伝えるのではなく、チーム内でさまざまな思いやりある行動を共有することも重要です。

84

無駄な出費を誘う恐ろしい「錯覚」2つの典型

ユーチューブの動画広告には、心理学を使って視聴した人が勘違いするように意図的につくられているものが多くあります。

たとえば、**人は因果関係がなくとも、前後関係があるだけで説得されてしまう**、というものです。

これは、『**錯誤《さくご》相関**』と呼ばれるもので、2つの出来事の間に因果関係がなくても、その出来事に関係があるように思い込んでしまう心理です。

人の脳は日常的に起きていることは記憶に残りづらく、珍しい出来事のほうが鮮明に記憶されるため、後からすぐに取り出しやすくなっています。

たとえば、ビジネス書に書かれた「朝の30分間、有酸素運動をすると仕事の生産性が高まる」という説を実践したところ、いつもより仕事がうまくいったとします。そうすると、その説を信じて実践し続けます。しかし、実はそこには因果関係はなく、あるのは前後関係だけです。

人が仕事がうまくいった理由を考えるときに、真っ先に思いつくのは、いつもと違った習慣です。

本当は他の要因があったかもしれないですし、仕事に慣れただけかもしれません。でも、習慣を変えたせいだと思い込んでしまうのです。

統計的な検証がされていない個人の体験に基づく、俗にいう「成功の習慣」には、このような背景が隠れているのかもしれません。

ですから、何か不運な出来事があったときも、その原因を考えようとすると、いつもと違った出来事を最初に思い出してしまい、「きっと、これが原因に違いない」と考える。**複数の可能性を検討せずに、思い出しやすかった出来事だけをもとに、2つの出来事に相関があるように錯覚してしまう**のです。

「虫の知らせ」「四つ葉のクローバーを見つけたら幸せになれる」「雨乞い」「血液型占い」などは、『錯誤相関』によるものです。

もうひとつ、例を挙げてみましょう。仕事がうまくいかずに悩んでいる人が、ある人から集中力が上がるというサプリメントをもらって、翌日から仕事の能率が上がったとしたら、「あのサプリを飲んだからに違いない！」と、考えてしまいます。仕事ができなかった原因が何なのかはわかりませんし、そのサプリが飲んだ翌日に効くかもわからないはずです。もしかしたら、まわりの人がコッソリ手伝ってくれていたかもしれません。複数の可能性があるにもかかわらず、この2つの出来事に相関があるように錯覚して、同じサプリを買い続けることになるわけです。

これは、**100人にサンプルを配ってそのうちの数人が錯覚を起こせば、そこから定期購入につながり、サンプルとして配ったコストを回収できる**、という商法で、動画広告にかぎらず霊感商法や宗教勧誘などでも使われている危険な手法です。

極端にいえば、深刻な病気の人が錯覚を信じてしまって、本来受けるべき治療を拒否してしまうケースもあるかもしれません。

こうした錯覚に引っかからないようにするためには、前後関係ではなく、相関関係が正しいのかをきちんと検証しなければなりません。

そのときに効果的なのが、相関のありそうな出来事を複数検証してみることです。

『錯誤相関』は、最初に思い出した出来事だけを結びつけてしまい、複数の可能性を検証しないことから起こります。ぜひ、複数の可能性を思い出して検証し、騙《だま》されず真実を見つけ出してください。

85

正義に燃える人ほどユーチューブ動画を成功させる

SNS上で再生回数や拡散数を狙いたい、フォロワーの団結力を高めたいなら、**共通の敵をつくる**と効果的です。

日本の政治家の街頭演説やニュースを見ていると、支持者の団結力を高めるために敵を設定している人がいますね。確かにこれは有効な手段で、**人が抱える不満や怒りを刺激して、それを生み出している人物やルールを設定することで、人々の感情を束ねて団結させることができます。**

また、共通の不満や怒りを持つ集団で群れることで、自分の考えが多数派であり、「正しい」と感じて自信を持つようになります。そして、自分の考えに「正義」を感じるようになったり、同じ考えではない人を敵と考えたりします。その結果、集

団内の団結力が高まっていくのです。

これは、演説の天才であるアドルフ・ヒトラーも使っていたテクニックで、国民の生活が苦しい原因はユダヤ人や共産主義者にあるとして、憎むべき敵に仕立てあげて、支持者の団結を強めていたと考えられます。

また、ドナルド・トランプ前アメリカ大統領が、移民によってアメリカ国民（特に低所得者層）の地位が脅《おびや》かされていることや、中国のテクノロジーによる脅威など、移民や中国を敵として国民の支持を集めたのも、このテクニックに基づいていたといえるでしょう。

ユーチューブで、特定の人物や社会問題を批判する動画の再生回数やリツイート数が多いのも、共通の敵を持っている人たちの強い団結力によるものだと考えられます。

たとえば、**知識を広めるだけの動画よりも、持っている知識に基づき、社会問題を取り上げて、「これはおかしいんじゃないか？」という内容の動画にするほ**

うが再生回数や拡散数も増やせるはずです。

ただ、この正義感は時として暴走し、人を傷つけてしまうことがあります。それを避けるためにも、特定の人物に対して攻撃するのではなく、その人の行動の裏にある問題への批判で共感を集めるほうが悪意が広がらないでしょう。

86 勝ち組ユーチューバーが実践する「関心が途切れない」秘策

SNSやユーチューブの動画、メルマガ、ウェブ会議などで、あなたの話の説得力を高めたいのであれば、『**混乱法**』を使ってみてはいかがでしょうか。

『混乱法』とは、**話の最初に専門用語を使ったり早口で話したり**

して、聞いている人を混乱させた後で、「つまり、それはね～」とわかりやすく解説して、相手の混乱を解消する話し方です。

この話術によって、相手にあなたの話に注目させて、あなたの話を理解しようとする姿勢をつくることができます。

人は、相手の話を理解できず中途半端な状態でいることにストレスを感じてしまいます。これは、**『ザイガルニック効果』**（89ページ参照）による反応です。中途半端な状態にあるストレスを解消するために、相手はこちらの話に注目せざるを得ないというわけです。

結果的に、相手は主体的にこちらの話を深く理解しようとしてくれるため、あなたの話の説得力が高まります。

たとえば、あるマジックを見て、「どうなってるの!?」と驚いたときに、「実は、このマジックのタネは……」とマジシャンが話しはじめたら、あなたはマジシャンの話に注目するはずです。このテクニックは、これと同様のメカニズムになっています。

多くの人ができるだけわかりやすく伝えようと努力しますが、それよりも、**人の「理解したい」という気持ちを高めるほうが説得力は高まる**のです。

混乱法でよく使われる伝え方としては、「早口」「専門用語」「矛盾した言葉」の3つがあります。

①早口

相手が話すスピードよりも少し速いくらいのスピードで話をすると、相手は理解できそうで理解できないスピードで話を聞くことになり、適度に混乱させることができます。

②専門用語

タイトルなどで「幸せになる鍵はオキシトシンにあった」のように、**人が持つ「願望」と「専門用語」を組み合わせると**、専門用語の部分だけが理解できず相手のなかにフラストレーションを起こすことができます。

③矛盾した言葉

「勝つために逃げろ」「考えるために考えるな」のような矛盾した言葉や、「友だちなんかいらない」といった常識を覆《くつがえ》す言葉を伝えると、**相手はその言葉の意味を理解することができず混乱し、それを解消するために、その先の言葉に注目します。**

「文化人」といわれる人のユーチューブチャンネルを見ていると、**最初に早口で情報を伝えたり、専門用語を先に出して、その後に「つまりですね」と解説している人が多い**と思いますが、これがまさに、混乱法になっているのです。

87

SNSで不満を垂れ流す人は、最悪の事態を想定できていない

人は自分が使う言葉によって、無意識に自分自身を洗脳している、ということがわかっています。

これは、**『プライミング効果』**と呼ばれるもので、**人は頭のなかにある観念と連想できる情報を優先的に認識したり、連想する行動を取ってしまう**というものです。

ジョン・バルフらはニューヨーク大学の学生を対象に実験を行ない、5つの単語から4つの単語をピックアップして短文をつくってもらいました。

そのとき、グループAには、高齢者を連想させる単語が交ぜられており、グルー

プBには、特に関連性のない単語が渡されました。短文をつくった後、学生は別の教室に移動させられましたが、そのときの歩く速さを計測すると、グループAのほうが明らかに遅いことがわかったのです。

他にも、「ゆっくり歩く」という、高齢者の特徴と紐づける行動を取らせることで、高齢者に関連する単語をすばやく認識するようになることもわかっています。

ということは、**SNSで不満ばかりつぶやいていると、日常生活においても、不満を感じることばかりに目がいく**ようになり、世の中が不満だらけだと感じるようになると考えられます。

「言霊《ことだま》」という言葉がありますが、確かに、言葉は力を持っていて、本人の世界の見え方すら変えてしまうかもしれません。

だからこそ、SNSでは不満をつぶやくよりも、ポジティブな言葉をつぶやくほうがいいのです。誰かに助けてもらった、幸せなことがあった、新しいことを知ったなど、**その日にあった嬉しいことをつぶやくと、世の中にある幸せな瞬間に、たくさん気づけるようになる**でしょう。

もし、SNSを見返してみて、ネガティブな言葉が多かったり、日常生活で憂鬱《ゆううつ》だと感じているのであれば、ポジティブな言葉を使ってみてください。それによって、あなたの社会の見え方を変えることができますよ。

88

高いものが安く見えてしまう「儲かる値付け」スキル

ファミレスのメニューの金額の多くが、「899円」のように中途半端な金額になっています。

これは、お客さんに価格を安く感じさせる『**水準低減**』を活用したものです。

たとえば、801円のものを、1円だけ割引して800円にするのと、800円のものを1円だけ割引して799円にするのでは、お客様が受ける印象が異なります。

たった1円の違いですが、**人は値札に書かれている金額を認識するとき、左側から見てしまいます。**つまり、799円だと700円台と認識し、800円だと単純に800円台と認識して水準の低減が起きてしまうわけです。

このテクニックは、**メルカリなどのフリマサイトに出品するときの値付けに活用することができます。**

メルカリに出品されている商品の金額を見ると、下2桁を00円にして切りをよくしているものがほとんどですが、かなりもったいないです。

たとえば、ある人が8000円で売っている商品があるとすると、自分の商品のほうを安く見せたい場合、1000円単位の高額な割引をする必要はありません。

たった1円割引して7999円にするだけで、購入者にとっては割安な感覚になります。

ものを売るときは、ぜひ、左端の数字をどう見せられるかを工夫して、お得感を錯覚させてみてください。

89 何かと言い訳がましい人は何も得られない

仕事で大きなミスをしたり大事な打ち合わせに遅刻してしまい、反省文を書いたり、謝罪のメールを送らなければならないときには、**「言い訳」は絶対に書いてはいけません。**

言い訳をする側としては、「それならしょうがないか」と、相手に納得してもらえる材料にしたいという気持ちがあるかもしれません。しかし、**ほとんどの場合において言い訳は、あなたの評価をさらに下げてしまう**ことが、心

理学の研究でわかっています。

社会心理学者の沼崎誠は、言い訳を言うことで、相手にどのような影響があるか実験を行ないました。

実験では、大学生2人に協力してパズルを解くように指示しましたが、1人は実はサクラで、右手人差し指と親指から手首にかけて包帯を巻いている場合と、巻いていない場合で検証しました。

さらに、実験内容を説明しているときに、サクラの学生が「手を動かすと痛いんだけど」という言い訳を言う場合と、言わない場合の合計4つのパターンを検証しました。

大学生2人は別々の部屋でパズルを解き、採点が終わった後、被験者には協力者（サクラ）の成績が平均以下だったと伝えます。そして、相手（サクラ）に対する能力や好感度について評価をしてもらいました。

その結果、**相手が包帯をしているかどうかにかかわらず、言い訳をしたことで好感度が低下し、また、遂行能力に関する評価も低下しました。**相手（サクラ）

が（ケガなどで）包帯をしていて、それによってパズルの成績が悪かったという言い訳に正当性があるとしても、遂行能力や好感度が低く評価されてしまったのです。

つまり、ほとんどの場合、言い訳をすることで、あなたの好感度や能力が低く評価されてしまい、あらゆる意味で逆効果ということです。

たとえば、期日までに仕事が終わりそうもないことを上司や同僚に伝えるときは、**できない原因を伝えるよりも、どうやったらできるかという解決策を伝える**ようにしたほうがいいでしょう。

最悪なのは、まわりの人や環境に責任を押し付けて、自分の正当性を主張することです。ときどきこういう人がいますが、絶対にやってはいけません。

90

LINEで売り込めば売り込むほど、売れなくなるジレンマ

ＬＩＮＥやメールでの交渉は、相手の顔が見えないぶん、相手の感情に無頓着になって説得が強引になったり、しつこくなりがちです。また、『単純接触効果』を使って好感度を高めるために積極的に連絡をすることは効果的ですが、これらの行為は注意しないと**『ブーメラン効果』**を起こしてしまうかもしれません。

『ブーメラン効果』とは、説得の逆効果であり、**人は強く説得されると、自由を奪われた感覚に陥って、自由を得るために強く反発して逆の行動を取ってしまう**心理です。

LINE
参加しませんか？
ぜひ参加を！
参加しましょう!!

つまり、強引な営業連絡は、本来は買う気のあった人ですら、買ってくれなくする可能性があるということです。

ですから、相手が「選択しない」という選択肢を残しておくことが重要です。

たとえば、商品の宣伝が目的のメールやLINEで、**「このメールが必要ない場合は、こちらをクリックしてください」**というように、相手に逃げ道をつくってあげると、強引さが軽減します。

または、選択肢を1つに限定せず、3つ程度出して、相手に選ばせるようにするのも効果的でしょう。

他にも、自社の製品だけ宣伝するのではなく、他社の製品も紹介するのもいいでしょう。もちろん、最終的には自社の製品を選んでもらうためのオトリとしてですが。

これは、店頭でのお客様とのコミュニケーションでも同様です。

たとえば、カメラを探しに来たお客様から商品の条件を聞いた後、

「お客様に合うのは、この商品です！　これは、本当にオススメの商品で……」

と、**1つの商品をゴリ押しすると、お客様は反発して、「やっぱりいいや」と何も買わずに帰ってしまう**かもしれません。商品に詳しい人ほど、この傾向があるので、注意しましょう。

91

根拠のない情報が拡散されやすい確かな根拠

なぜ、人は不確かな情報や、偽情報を信じて拡散してしまうのでしょうか。

最近は心理学にかぎらず、医療や政治、芸能ゴシップなどについて、不確かな情報が、いかにも信頼できる情報のように拡散されていきます。

「そういえば、○○さんは不倫しているらしいね」と、どこで聞いたかわからない情報を、信頼できる情報であるかのように話してしまいます。

このように、情報源の怪しい情報を信じて拡散してしまうのは、**『スリーパー効果』**によるものです。

『スリーパー効果』とは、アメリカの心理学者カール・ホブランドが提唱したものです。

同氏の研究によると、大学生を2つのグループに分けて、同じ内容の記事を、一方のグループには信憑性の低い媒体の記事として読ませて、もう一方のグループには、信憑性の高い媒体の記事として読ませました。

その結果、記事を読んだ後すぐは、信頼性の高い媒体として記事を読んだグループのほうが、読んだ後に意見を変える割合が多かったのに対し、4週間後には、2つの記事の信頼度にほとんど差がなくなっていました。

なぜかといえば、情報に接した瞬間は、情報源の信頼度をもとに信頼度を判断しますが、**時間の経過とともに、情報源が何だったかは忘れてしまい、情報そのも**

のの信頼度（もっともらしさ）を判断してしまうということです。

たとえば、明らかに怪しい動画広告が、「女性の95％は青ヒゲの人と付き合いたくないらしい」というアンケート結果を発表したとしましょう。怪しい広告なので、そのときはあまり信用していなかったとしても、時間が経つと、情報源がどこだったか忘れて情報だけが脳に残ります。

そして、「そういえば、青ヒゲの人はモテないって聞いたことあるよ」と、別の誰かに伝えてしまうのです。

たちが悪いのは、最初は怪しい情報源だったとしても、あなたが伝えるときは、**あなたの信頼度が、その情報に付与されてしまうことで、その情報の信頼度が高まる**という点です。それが繰り返されて、偽情報が拡散されてしまいます。

根拠のはっきりしない情報源からの情報でも、時間が経過すれば、「それらしい情報」として信じてしまい、それを拡散してしまいます。

このテクニックを使えば、ＳＮＳで時間をかけてアカウントの信頼度を上げな

くても、偽情報を信じ込ませて拡散させてしまうこともできます。

もしかしたら、すでに私たちは、この心理作用によってSNSやメディアを通して拡散された嘘の情報を信じ込まされているかもしれません。情報源がどこかについては、必ず注意しておきましょう。

92 新しいことをするのが苦手な人とウィン・ウィンになる方法

広告などで人の行動を変えさせたいときは、「新しいことをはじめるのはちょっと……」と思われそうなキャッチコピーは避けて、**日常生活の延長線上に追加できることをアピールする**といいでしょう。

たとえば、ネット広告でよくある、「お家で5分トレーニング」「隙間時間に読書」「歩きながら筋トレ」のような、**習慣を変えるのではなく、いつもの習慣のなかに組み込むだけ**、ということがアピールできると、広告を見た人が興味を持ちやすくなります。

このように、変化することに抵抗を感じて、現状のままでいることに固執してしまう心理傾向のことを、**『現状維持バイアス』**と呼びます。

これは、**自分にとって慣れた環境や習慣のほうがラクで、未知の習慣や環境には不安やストレスを感じるために、現状維持を選択してしまう**のだと考えられます。

新しい習慣をはじめて三日坊主で終わってしまうのも、この心理傾向によるものです。

たとえば、ブラック企業をなかなか辞められない人は、今の環境を変えるとどうなるかわからない不安と、今の環境を我慢すればいいという感情を天秤《てんびん》にかけたとき、現状を維持するほうがラクで安心なため転職することができません。

また、現状維持バイアスによって、**顧客に保険や携帯電話の契約を継続させたければ、解約・変更したときの損失を伝える**といいでしょう。そうすると、変化よりも現状維持でいることが安心と思わせることができます。

たとえば保険の解約防止の場合では、「解約について」という項目に以下のような文言を書くことが考えられます。

「他社への保険切り替えのタイミングでの健康状態にご注意ください。持病がある場合、他社商品への加入ができなくなる可能性があります」

携帯の解約防止においても、「弊社はお客様満足度No.1です」「他社では圏外になるエリアもカバーしています」など、他社に乗り換えた場合に起こりうる不便さをアピールすると効果的です。

93 熱狂的なファンに応援される人はココまでやる

ＳＮＳ上でファンをつくりたいなら、とにかく頻繁にＳＮＳを更新して、ファンとの接触頻度を増やすことが重要です。

なぜなら、前述の『**単純接触効果**』によって、あなたのファンが増やせる可能性があるからです。『単純接触効果』とは、すでに説明した通り、人はある対象を何度も見たり、聞いたりして、**接触回数が増えるにしたがって、対象に対する好感度が高まっていく**というものです。

ロバート・ザイアンスが行なった実験では、大学生を対象に、「視覚による記憶実験」という名目で集まってもらい、12人の写真を2秒のペースで見てもらいました。写真を提示する順番はアトランダムで、回数も1～25回と人によってバラバラ

で、同じ写真を複数回見せられた人もいました。

そして、写真を一通り見た後に、12人の写真に対して好感度をつけてもらったところ、見た回数が多い写真ほど好感度が高いということがわかりました。

テレビCMや電車広告などは、この手法を使って、商品に対する好感度を高めようとしています。

ただ、何度も接触すればいいというものではなく、諸説ありますが、**接触回数が10回を超えると、好感度は一定になる**と考えられています。

ファンからの好感度を高めたり、新しいファンを獲得するためには、ユーチューブとツイッターを組み合わせた戦略も考えられます。

ユーチューブに動画をアップして、ツイッターにサムネイル付きでシェアし、それをフォロワーにリツイートしてもらうことで、自分のことをまだ知らない人に接触することができます。

さすがに動画を毎日アップするのが難しい場合は、ツイッターやインスタグラムなど、他のSNSもフォローしてもらって、接点を持つことが効果的でしょう。

ただ、**接触頻度ではなく接触している総合的な時間の長さが重要という研究もある**ので、できれば動画のような、長時間自分に注目させることができるもののほうが効果的です。

94
ネット通販の「1秒に5個売れてる」手法が効く理由

「1秒に5個売れている」「渋谷に集まる女子の95%が言っている」という、極端な数字を使ったネット広告をよく見かけますが、気をつけてください。

これは、『**少数の法則**』によって、あなたを勘違いさせているか

もしれません。

『少数の法則』は、『大数《たいすう》の法則』からきた言葉です。

『大数の法則』とは、調査をするサンプル数が増えるほど、平均的な答えになるというものです。たとえば、サイコロの1の目が出る確率は計算上は6分の1で、実際にサイコロを投げる回数を増やすほど、この数字に近づいていくというものです。

『少数の法則』はその逆で、サンプル数が少なく極端な結果になってもそれを信じてしまう心理です。その**極端な結果を使って極端なメッセージをつくることで、そのメッセージに注意を奪われて、サンプル数やアンケート対象者の信頼性に注意を向けなくなってしまう**のです。

たとえば、冒頭の「1秒に5個売れている」という広告も、それを目にした人は、現在までずっと1秒に5個売れ続けていると思うかもしれませんが、そうではなくて、ある短期間、たとえば、発売開始直後から数日間の集計結果かもしれません。

また、「渋谷に集まる女子の95%が言っている」というのも、特定の層だけをターゲットにしていて、渋谷に集まる女子にランダムに聞いたものではないかもしれません。

このようなアンケート結果が伝えるメッセージだけに注目してしまい、そのアンケートの数字が自分の認識とマッチしているか確認する人は多くありません。

逆に言うと、そのような**数字をでっちあげて、強いメッセージをつくってしまえば、読んだ人に疑念を持たせることなく自然と説得させることができてしまうのです。**

このような眉唾《まゆつば》な数値は他にもたくさんあります。

たとえば、広告にある**「リピート率99％」**のような高すぎる数値からは満足度が高いというメッセージが暗に伝わってしまいますが、商品の購入条件を見てみると2、3回購入しないと解約できないため、満足度からではなく契約上リピートせざるを得ないケースもあります。

そもそも、なんの制約もなく99％の人がリピート購入する商品なんて世の中に存在するのでしょうか。

また、**「上位1％の成功者が教える成功の方法」**というキャッチコピーを目にすると、高級住宅街に住んでいて高級車を乗り回す、年収1億円のような人を想像して憧れてしまうかもしれません。

しかし、上位1％の人の年収は実際は約1500万円程度で、意外と想像より低いかもしれません。しかし、そのキャッチコピーのインパクトから、強い説得力を持ってしまうのです。

このようにネット広告は、人の勘違いを誘発するようなものが多くあります。事実と、脳が補完した想像を区別して、騙されないようにする必要があります。

95

強制はしないが「望ましい契約」へ誘導する凄ワザ

携帯電話を契約するときに、なぜか最初から電子コミックや映画視聴サービスが契約されていることがあります。

「標準で付いているものです。1か月間は無料なので、いらなければ解約してください」と言われますが、そのままズルズル契約を解除していない人もいるはずです。

たとえば、携帯を契約するときに、「今なら無料で付けられますがどうしますか？」と、顧客に聞くこともできるはずですが、「すでに付いていますので」と、デフォルトで契約が設定されているのは、**『デフォルト効果』**を使っている可能性があり

ます。

「デフォルト効果」とは、**人は標準設定されているものを変更せず、すんなりと受け入れてしまう**心理作用のことです。

これは、『損失回避性』による影響で、標準（デフォルト）から外れることで何かを失って後悔するかもしれないという不安から、自分の意思を持たない人には強い効果が及びます。

また、人が持つ損失回避性は、得るメリットよりも、失うデメリットのほうが重視される心理作用なので、**後から無料でサービスを「追加」（得るメリット）するか聞くよりも、デフォルトで付いているものを自分で解除するか選択させる（失うデメリット）ほうが、無料期間の契約につながりやすい**わけです。

心理学者エリック・ジョンソンとダニエル・ゴールドスタインの実験によると、ヨーロッパ各国の免許証に記載する臓器提供への同意率を国別で比べたところ、2003年時点では、ドイツは12％でしたが隣国のオーストリアは100％に近い数字、デンマークは4%だったのに対して、同じ北欧のスウェーデンは86%と、近い国同士でもかなりの違いが出ました。

この違いは、臓器提供への意思表示方法の違いにあると考えられていて、同意する率の低い国では、臓器提供をしたい人がチェックを入れる形式になっており、**同意する率の高い国では、臓器提供をしたくない人がチェックを入れる形式**になっていました。

つまり、自分でどうするかという意思のない人は、基本的にデフォルトの設定に従ってしまうため、自分で追加チェックをするのではなく、デフォルトの状態を選択してしまうからだと考えられています。

「デフォルト効果」は、店頭やオンラインでの契約でよく見られますが、**メルマガの登録でも使われています。**

あるサービスでは、商品を購入するときに個人情報を入力する画面で、デフォルトでメルマガのチェックがオンになっていることがあります。以前からメルマガを受け取るのが面倒だと思っている人は、その場でチェックを外すでしょうが、それ以外の人はそのままにしてしまうでしょう。それによって、多くのメルマガ会員を獲得でき、企業に広告枠として販売することができます。

デフォルトだと安心というわけではなく、その裏には企業の目的が隠されている場合が多いのです。デフォルトに惑わされず、自分の意思で選択していくことが重要です。

96

知らないとカモにされかねない、「恐怖をあおる」説明のルール

「日本人の2人に1人は生涯でがんになる。他人事じゃない、あなたのもしものために、保険で家族の安心を」

このような、人の恐怖を煽《あお》ったうえで、その恐怖を解決する提

案を出すことで、相手にその提案に興味を持たせたり、合意しやすくするテクニックを**『恐怖・脅威アピール』**と呼びます。

これは、保険にかぎらず、ダイエットや美容など、さまざまな業界で使われており、みなさんも一度は見たことがあると思います。

ただ、相手を怖がらせればいいという単純なものではなく、難易度が高いテクニックで、『恐怖・脅威アピール』を機能させるにはいくつか条件があります。

①深刻さが認知できる
②自分の身に起こる確率が高いと判断できる
③提案された行動に有効性がある
④提案された行動を実行できる
⑤提案された行動のコスト（心理、金銭、時間など）での障壁

という、5つの条件を揃える必要があるのです。

たとえば、よくあるがん保険の広告を例に出すと、「2人に1人ががんになる」「がんになると働けなくなって家族が困る」などが①と②を満たしており、「がん治療に必要な入院費や手術費までカバーします」で③を満たして、「まずはネットからお見積もりください」のように最初の行動を簡易化させることで④を満たし、「月々平均2500円〜。保険料は一生変わりません」で⑤を満たすことができます。

こちらが意図した行動を取るように相手を誘導するメッセージを送りたい場合も、このフレームワークに沿って、組み立ててみてください。

ただ、とにかく相手の恐怖心を煽ればいいというわけではありません。**恐怖が強くなりすぎると、逆に相手が反発して、説得できなくなる**可能性があるので注意が必要です。

たとえば、**「最悪のケースだと○○です」という恐怖心を与える文言は、あまり使わないほうがいいでしょう。**

「虫歯を放置すると、最悪の場合、心筋梗塞を起こす場合があります」というのは、相手の恐怖心を強く煽っているので、一見、行動を起こしそうですが、多くの場合において、恐怖を煽りすぎているために逆効果になる可能性が高いです。

それよりも、読んだ人が納得できる恐怖のほうがいいですね。「虫歯を放置すると、そのうちズキズキと痛くなります」「虫歯を放置すると、いずれ歯に穴が開いてしまいます」程度に抑えておくと、読んだ人もイメージしやすいためいいでしょう。

また、禁煙させるために、タバコで黒くなった肺の写真や歯周病でガタガタになった歯の写真を見せることは、恐怖心が強すぎるため、あまり効果がありません。これらは、**記憶に残しておくと不快に感じるため、すぐに記憶から消そうとして忘れてしまいます。**

97 オンライン面接は、相手と「目を合わせてはいけない」

ＺｏｏｍやＳｋｙｐｅを使った就活面接や商談では、あなたが思っている以上に相手とアイコンタクトが取れていません。

個人差はあるものの、**最も自然な相手への視線量は会話している時間の50%**ということがわかっています。たとえば、30分の会話であれば、合計15分は相手へ視線を送ると自然に見えます。

人は、自分と視線が合うことで、友好度や誠実さ、自信に満ちているなど好意的な印象を持ってもらえるので、言葉の説得力が高まります。

もし視線量が少ないと、自分に対する興味関心が低い、自信がない、冷淡、否定的と思われてしまい、説得力が下がってしまいます。

Ｚｏｏｍで人と話すときは、相手の表情を見るためにパソコンの画面を見つめてしまいがちですが、そうすると、**自分はいつも通り相手の顔を見て話しているつもりでも、相手が見る画面には下を向いて映る**ので、相手と視線を合わせることができていません。それでは、あなたが自信がないように映ってしまいます。

そうならないよう、Ｚｏｏｍなどでの就活面接や商談で自分が話をするときは、パソコンのカメラを見るようにすれば、相手の画面からもアイコンタクトが取れているように感じるので、あなたの説得力を高めることができるでしょう。

そもそも、視線を合わせるだけで、なぜ説得力が上がるのかというと、『メラビアンの法則』で説明することができます。

『メラビアンの法則』とは、言葉や情報を伝えるときに、どの情報に基づいてこちらの印象が決定されるか研究したものです。

それによると、**視覚情報（見た目、表情、視線など）は55%、聴覚情報（声の質、話す速さ、口調）は38%、言語情報（話の内容）は7%**ということがわかっています。

たとえば、笑顔で「嫌い」と言われるような、言葉と表情が矛盾した情報が送られたときに、「嫌われた」と思う人は少なく、「冗談で言っている」と思ってしまうのは、視覚情報のほうが情報に対する影響力が大きいからです。

Ｚｏｏｍで就職面接を受けたとき、目線が下がった状態で、「私には、御社で活躍する自信があります！」と言っても、言語情報よりも視覚情報のほうが影響力が強いため、相手にあなたの気持ちが伝わらないでしょう。

また、商談のときにも、目線が下がった状態で、「この商品は他社にも負けません」と伝えても、説得力が低くなってしまいます。

特に自分の言葉に説得力を持たせたいときは、**画面で相手と目線を合わせるのではなく、パソコンのカメラを見て話す**ようにしてください。

98

オンラインで「心の距離」をぎゅっと縮める声のトーン

前項でお話ししたように、情報の印象に影響を与える最も大きい要素として、視覚情報がありますが、次に大きいのが、聴覚情報という声のトーンや、話す速さなどです。

Ｚｏｏｍはカメラをオフにして音声だけで会議をすることもできますが、その場合は、**聴覚情報が情報の印象を決めてしまう**ので、聴覚情報で信頼を高める技術についても知っておく必要があるでしょう。

実は、あなたの説得力を高める話し方というものが、心理学の研究でわかっています。

まずは、声のトーンですが、**「低いほうが信頼を獲得しやすい」**ということがわかっています。

マイアミ大学の政治学者ケイシー・クロフスタッドは、架空の選挙を実施して、声の低い人と高い人それぞれ男女2人ずつ、計4人に「私に投票を」と言わせて、集められた83人の参加者に投票してもらいました。

それによると、男女ともに声の低い人のほうが得票率が20％も高いという結果となりました。低い声は落ち着いた印象を抱かれて、聞いた人に信頼感を与えることがわかったのです。

また、話すスピードについては、**ゆっくり話すことで信頼性・信憑性を高める**ことができますが、逆に**速く話すと、専門性が高まる**ということもわかっています。

したがって、ゆっくり話すときと、速く話すときの使い分けが必要となります。

たとえば、**プロセスの説明や専門技術、商品の性能については早口でもかまいませんが、結論や要点など、相手を説得する箇所では、ゆっくり話す。**これによって、説得力を高めることができるでしょう。

こうした聴覚情報で印象を操る技術は、Ｚｏｏｍだけでなく、対面や動画配信においても活用することができます。あなたの説得力を高めるために、ぜひ活用してみてください。

コラム

あなたの商品は、どの「欲求のレベル」に対応しているか

なぜ、私たちはモノを買いたくなるのでしょうか。

本書でも、「恐怖」や「失うこと」のようなネガティブな感情がトリガーになるとご紹介しましたが、そのようなネガティブな感情の根底には「精神的に満たされたい」という共通の欲求が存在しています。

精神的に満たされるとは、**『マズローの欲求5段階説』**のうち社会的欲求、承認欲求、自己実現欲求に属する感情で満たされたいというものです。

▼**社会的欲求**

「所属と愛の欲求」とも呼ばれ、集団に所属したい気持ちや、友人や家族と友情や愛情を深めたい欲求です。

▼**承認欲求**

誰かに認められたい、地位や名誉が欲しいなど、他者に自分の自尊心を満たしてほしい欲求です。

▼**自己実現欲求**

自分の潜在能力を最大限発揮して、自分の目標や社会のために役立てたい欲求です。

今は、生活に必要なものは手軽に手に入れることができますし、選べないほど多くのモノが世の中にあふれています。そんななかでも、「これが欲しい!」と選びたくさせるには、**それを得ることで何ができるかではなく、「精神的に満たされるポイント」を提示すればいい**のです。

現代人はモノ自体を手に入れるよりも、それによって得られる精神的満足を重視するので、それを強調するほうが購入につながるトリガーとなります。

たとえば、USJ（ユニバーサル・スタジオ・ジャパン）のテレビCM。2009年には経営破綻寸前だったUSJですが、10年にCMOに就任した森岡毅執行役員（当時）が、**クリスマスシーズンのテレビCMを変えることで、V字回復**させました。

もともとは、クリスマスのパレードの映像を流していましたが、森岡氏は、子どもがいる家族をターゲットにして、クリスマスをUSJで過ごすことで深まる家族の愛のストーリーを演出しました。これは、**視聴者の社会的欲求をくすぐることに成功した結果**だと考えられます。

他にも、AppleのCMは「Appleを使うことがかっこいい」「クリエイティブになれる」という承認欲求を刺激する演出がされています。

人を動かすには、まず、相手のどのような欲求を自分が刺激しようとしているのかを考えてみてください。人は、モノが欲しいのではなく、そのモノを得ることで精神的に満たされたいと思っているのです。

おわりに

最後まで読んでくださり、ありがとうございます。

この本を読んでくれた読者の方に「心理学は面白い！」「明日から使ってみよう！」と、思っていただけたら嬉しいです。

読者の方が抱える悩みが解決されることを心から祈っています。


そして何より、心理学のダークサイドに堕《お》ちないことを願います。

心理学は読者の方に『力』を与えますが、その力に溺れて、どんな人でも、あるいは何でも、自分の思い通りにしてしまおうという人がいます。

確かに、短期的には効果があるかもしれませんが、長期的に見て、正しいことのために使うライトサイドの人に劣ってしまいます。

したがって、**心理テクニックを使うためには、人の心を操るような対外スキルと、自分自身の心を理解し成長させる対内スキルが必要です。**

この両者のバランスが取れないと、対外スキルの効果を最大化することができませんし、ダークサイドに堕ちてしまうかもしれません。

本書に続き、今後、メンタル・タフネスやモチベーションコントロール、アンガーマネージメントなど対内スキルについて書く機会があればと思います。

また、ＳＮＳで心理学に関する情報発信などをやっていますので、フォローしていただけると嬉しいです。タグ付けして本の感想などいただけたら、必ずチェックしにいきます！

Twitter：@3m_masaya

Instagram：@masaya_mentalist

最後に、編集担当の三輪謙郎さん、そして執筆をサポートしてくれた妻の真妃奈に心からお礼を申し上げます。本当に、ありがとうございました。

２０２１年春

山本マサヤ

山本マサヤ（やまもと・まさや）

心理戦略コンサルタント、JAPAN MENSA会員。

山口大学人文学部卒業。2014年、全人口の上位2％の知能指数（IQ）を持つ天才集団「MENSA」（IQ130以上）の入会テストに合格。IQ150で、日本のMENSA会員のなかで唯一といえる心理学のプロ。

心理学を使って「人・企業の可能性を広げる」ためのコンサルティングやセミナーを実施。これまで50社以上の企業に人材育成やマーケティング戦略立案の支援を行ない、延べ1000人以上に仕事や人間関係で役立つスキルをレクチャーしてきた。また、メンタリズムという心理誘導や読心術のエンターテインメントショーも行なっている。

クラウドワークスの「トップランナー100人」、Amebaが認定する芸能人・著名インフルエンサー100人に選出。著書に『トップ2％の天才が使っている「人を操る」最強の心理術』（河出書房新社）がある。


本作品は、当文庫のための書き下ろしです。

だいわ文庫

IQ150の心理《しんり》戦略《せんりゃく》コンサルタントが教《おし》える
秒速《びょうそく》で人《ひと》を操《あやつ》る心理《しんり》話術《わじゅつ》

著者　山本《やまもと》マサヤ

二〇二一年三月一五日第一刷発行

発行者　佐藤 靖
発行所　大和《だいわ》書房
東京都文京区関口一-三三-四 〒一一二-〇〇一四
電話 〇三-三二〇三-四五一一

フォーマットデザイン　鈴木成一デザイン室
本文デザイン　Isshiki（八木麻祐子＋青木奈美）
本文印刷　厚徳社
カバー印刷　山一印刷
製本　ナショナル製本

ISBN978-4-479-30858-4
乱丁本・落丁本はお取り替えいたします。
http://www.daiwashobo.co.jp